LA CUISINIÈRE MODERNE

OU LE

PARFAIT CORDON BLEU

Paris. — Imp. A.-E. Rochette et Cⁱᵉ, boul. Montparnasse, 72-80.

LA CUISINIÈRE

MODERNE

OU LE

PARFAIT CORDON BLEU

TRAITÉ COMPLET

DE L'ART DE PRÉPARER TOUTES LES SUBSTANCES ALIMENTAIRES SOLIDES
ET LIQUIDES. — CUISINE PROPREMENT DITE. —
PÂTISSERIE. — OFFICE. — CAVE (CONSERVATION DES VINS), ETC.

suivi d'instructions précises sur

la manière de faire les honneurs de la table et l'art dé découper
les viandes

OUVRAGE ENTIÈREMENT NEUF

Rédigé sur les manuscrits

DE H. DE BRESSEVILLE

Ex-chef d'office de l'ambassade de France en Portugal.

—>•‹—

PARIS

BERNARDIN-BÉCHET, LIBRAIRE

QUAI DES GRANDS-AUGUSTINS, 31

—

1867

INTRODUCTION.

Le plaisir de la table, dit Brillat-Savarin, est de tous les âges, de toutes les conditions, de tous les pays, de tous les jours ; il peut s'associer à tous les autres plaisirs, et il reste le dernier pour nous consoler de leur perte.

En présence d'une si grande vérité, proclamée depuis plus de vingt ans, on ne saurait trop s'étonner de l'infériorité, nous pourrions dire de la barbarie qui se révèle dans les livres élémentaires de ce grand art de bien vivre. Nous avons sous les yeux la *Science du maître-d'hôtel cuisinier*, ouvrage publié il y a cent vingt-sept ans, *avec approbation et privilége du roi*, et nous pouvons constater que le texte de ce livre est exactement le même que celui de la *Cuisinière bourgeoise* la plus moderne.

Cependant, l'art culinaire a fait des progrès immenses depuis un demi-siècle ; d'où vient donc que tant de livres offerts au public sous les titres de *Cuisinier moderne*, de *Cordon bleu*, de *Cuisinière de la ville et de la campagne*, etc., ne contiennent que des pages maculées d'une crasse ignorance ? C'est que la race des compilateurs de bas étages ressemble essentiellement à celle des moutons de Panurge ; ces prétendus professeurs en l'art de bien vivre ne sont que de misérables copistes, se traînant honteusement dans les sentiers battus où leur ignorance les condamne à croupir.

Telle n'est pas l'allure des hommes de progrès au nombre desquels nous avons la prétention de nous placer : repoussant ces œuvres indigestes que l'esprit et le goût réprouvent également, nous nous sommes adressé aux grands praticiens ; non-seulement nous avons entendu, mais nous avons voulu voir ; nous avons en quelque sorte observé dans la cuisine, et écrit sur les fourneaux. Grâce à nous, la petite propriété ne sera plus deshéritée des joies de la table, de ces fines et innocentes jouissances qui, avec la pensée, font de l'homme le roi de la création.

Toutes les choses inutiles ont été par nous rejetées sans pitié ; mais nous n'avons rien omis d'essentiel, de sorte que notre *parfait Cuisinier moderne* malgré son peu d'étendue, est plus complet que toutes ces lourds, compactes et indigestes traités où l'art culinaire et le bon sens sont outragés à chaque page.

C'est donc à toutes les classes de la société que nous adressons ce fruit de nos veilles qui est, nous osons le proclamer, de tous les livres modernes celui qui contient le plus d'excellentes vérités

CHAPITRE PREMIER.

DES POTAGES.

Bouillon gras.

Le bouillon est la base de toute bonne cuisine; il s'obtient en faisant bouillir un morceau de bœuf dans de l'eau légèrement salée. La viande doit être mise dans l'eau froide, et le tout ensemble est ensuite soumis au feu.

L'eau dissout d'abord une partie de l'osmazôme; puis l'albumine, qui, se coagulant avant le 50ᵉ degré de Réaumur, forme l'écume qu'on enlève ordinairement; puis le surplus de l'osmazôme avec la partie extractive ou jus, enfin, quelques portions de l'enveloppe des fibres, qui sont détachées par la continuité de l'ébullition.

Pour avoir de bon bouillon, il faut que l'eau s'échauffe lentement, afin que l'albumine ne se coagule pas dans l'intérieur avant d'être extraite; et il faut que l'ébullition s'aperçoive à peine, afin que les diverses parties qui sont successivement dissoutes puissent s'unir intimement et sans trouble.

On joint au bouillon des légumes ou des racines pour en relever le goût, et du pain ou des pâtes pour le rendre plus nourrissant : c'est ce qu'on appelle un potage.

Les parties du bœuf dont on obtient le meilleur bouillon sont l'aloyau, le gîte à la noix, la tranche, la culotte.

La viande doit être dans la proportion d'un kilogramme pour un litre et demi d'eau, et l'ébullition doit durer au moins cinq heures.

Le bouillon étant fait, on le passe au tamis avant de s'en servir pour potage ou autrement. Quant à la pièce de bœuf qui a servi à le faire, on la sert parfois comme relevé de potage; mais, dans un dîner d'apparat, elle ne paraît pas sur la table, ce qui n'est pas un grand mal; car, selon l'expression du célèbre professeur que nous avons souvent pris pour guide, le bouilli n'est que de la chair moins son jus.

Consommé.

Ce qu'on appelle consommé n'est autre chose que du bouillon très fort, de sorte qu'en faisant simplement réduire sur le feu du bouillon ordinaire, on obtient de véritable consommé. Mais, dans les grandes cuisines, on le prépare autrement; en voici la recette :

Mettre dans une marmite un morceau de bœuf dit gîte à la noix, une poule, un jarret de veau; mouillez le tout avec de bon bouillon dans la proportion de deux litres de bouillon pour un kilo de viande, et faites bouillir le tout pendant quatre à cinq heures, vous obtiendrez ainsi d'excellents consommés dont vous pourrez vous servir avantageusement dans plusieurs circonstances, comme il sera dit dans le cours de ce traité.

Potage au pain.

Mettez dans la soupière des croûtes bien préparées; versez-y assez de bouillon pour les faire tremper; puis, au moment de servir votre potage, reversez-y du bouillon assez abondamment pour que votre pain baigne à l'aise. On peut ajouter, si l'on veut, des légumes dessus. Il faut éviter, surtout, de faire bouillir le bouillon avec le pain, parce que cela ôte la qualité du bouillon.

Potage au riz.

Le riz étant bien épluché et lavé, faites-le crever dans du bouillon ; à mesure qu'il gonflera, vous le mouillerez en ajoutant du bouillon. Il faut qu'il bouille ainsi pendant deux heures, après quoi on le sert en proportionnant la quantité de bouillon à celle du riz, de manière à ce que le potage ne soit ni trop clair, ni trop épais.

Potage au vermicelle.

Passez votre bouillon et mettez-le sur le feu ; lorsqu'il bouillira, vous y mettrez votre vermicelle, de manière qu'il n'y soit pas en paquet ; vous le retirerez du feu, après qu'il aura bouilli une demi-heure, afin qu'il ne soit pas trop crevé, et que votre potage soit bien net ; prenez garde surtout qu'il ne soit épais. Une livre suffit pour huit ou dix personnes. -

Potage à la julienne.

On emploie dans ce potage des carottes, des navets, des poireaux, des ognons, du céleri, de la laitue, de l'oseille et du cerfeuil ; on coupe les racines en filets de la grosseur d'une demi-ligne, sur huit ou dix lignes de longueur ; les ognons en deux, puis en tranches. Passez ces racines au beurre pour les faire revenir ; vous y mettrez ensuite les laitues, les herbes et le cerfeuil ; que le tout soit bien revenu ; il faut mouiller avec du bouillon, faire bouillir à petit feu pendant une heure au plus, jusqu'à ce que cela soit bien cuit ; vous préparerez votre pain, et verserez dessus votre julienne. — La julienne se dresse et se sert aussi sans pain ; dans ce cas, les légumes doivent être plus abondants.

Potage à la semoule.

Faites bouillir votre bouillon, et versez la semoule

dedans., en remuant avec une cuillère pour éviter qu'elle se forme en grumeaux. Laissez le tout bouillir pendant une demi-heure et servez.

Tous les potages aux pâtes dites d'Italie, comme noudles, lazagnes, etc., se font de la même manière; il en est de même du potage au macaroni, avec cette différence, pour ce dernier, que quelques minutes avant de le servir, et alors qu'il est bouillant, on y met une certaine quantité de fromage râpé, moitié gruyère et moitié parmesan.

Potage aux choux.

Faites blanchir la moitié d'un chou avec un morceau de petit lard coupé en tranches. Ficelez le tout, et faites-le cuire à part dans une petite marmite avec du bouillon; quand le chou et le petit lard sont cuits, vous ferez mitonner le potage avec ce même bouillon et des croûtes de pain; servez les choux autour du potage avec le petit lard, ou simplement par-dessus; il faut avoir attention de saler très peu le bouillon à cause du petit lard.

Les potages aux navets se font de la même manière; c'est aussi le même procédé pour le potage au céleri; seulement il est nécessaire de faire blanchir le céleri pendant un plus long temps.

Potage aux concombres.

Après les avoir coupés proprement, faites-les blanchir pendant dix minutes; laissez-les refroidir et égoutter; mettez des bardes de lard dans le fond de la casserole; placez ensuite vos concombres, et les recouvrez de lard; vous aurez grand soin d'y ajouter des carottes, des ognons, du gros poivre, et deux ou trois clous de girofle; après une demi-heure de cuisson, vous préparez votre potage comme celui du pain; vous mettez les concombres dessus.

Potage aux choux et au fromage.

Foncez une casserole avec des bandes de lard, mettez-y des choux après les avoir fait blanchir ; mouillez avec du bouillon et laissez bouillir le tout jusqu'à ce que les choux soient bien cuits. Foncez une autre casserole avec du beurre frais ; puis faites successivement un lit de pain coupé en tranches, un lit de fromage de gruyère râpé, un lit de choux, et ainsi de suite jusqu'à ce que votre casserole soit assez garnie pour le nombre de personnes auxquelles le potage est destiné ; mouillez le tout avec du bouillon et faites mijoter pendant une heure.

Potage à l'ognon.

Coupez de l'ognon par tranches menues ; faites-le revenir dans du beurre frais jusqu'à ce qu'il soit roux ; ajoutez-y la quantité de pain suffisante et mouillez avec du bouillon.

Le potage aux poireaux se fait de la même manière.

Ces potages se font aussi au maigre ; dans ce cas on mouille avec de l'eau et on met une plus grande quantité de beurre.

Potage aux carottes.

Faites blanchir des carottes coupées en tranches ou en ronds, et faites-les cuire ensuite dans du bouillon. Mettez dans une soupière le pain nécessaire et versez carottes et bouillon par-dessus.

Potage en tortue.

Voyez *Tête de veau en tortue.*

Potage aux marrons.

Après avoir fait cuire des marrons dans de l'eau légèrement salée, vous les éplucherez soigneusement et les pilerez dans un mortier. Passez-les ensuite à l'étamine avec un peu de bouillon pour en faire une purée. Ajoutez le bouillon nécessaire pour que cette purée n'ait que l'épaisseur convenable ; faites bouillir le tout un instant, et versez-le sur des morceaux de mie de pain coupés en dés et frits dans du beurre frais.

Potage à la moelle.

Dressez un potage au pain (Voyez plus haut *Potage au pain.*) et versez dessus de la moelle de bœuf fondue, passée au tamis et mêlée avec des jaunes d'œuf.

Potage aux navets.

Faites revenir dans du beurre frais des navets bien tournés jusqu'à ce qu'ils soient d'une belle couleur ; dressez du pain comme pour le potage au pain ; mettez les navets dessus, et trempez avec de bon bouillon.

Potage à la purée de gibier.

Mettez dans une marmite trois livres de tranches de bœuf, quatre perdrix, une livre ou deux de jarrets de veau, un faisan, des carottes, des ognons, quelques pieds de céleri, deux clous de girofle, et un bouquet de persil. Prenez du bouillon pour votre potage ; faites cuire trois perdreaux à la broche, pilez-les à froid dans un mortier, avec un peu de mie de pain trempée dans du bouillon. Mouillez vos perdreaux pilés avec du bouillon ; vos perdreaux bien pilés, passez-les à l'étamine ; quand votre purée sera passée, vous y mettrez du bouillon, afin qu'elle ne soit ni trop claire, ni trop épaisse ; placez-la sur un feu doux, ayant soin qu'elle ne bouille pas, et faites tremper vos croûtons comme pour le potage au pain.

Potage à la vierge ou à la reine.

Prenez le plus gras d'un bouillon ordinaire, environ un demi-litre, pour le faire bouillir quelques instants sur le fourneau ; prenez ensuite du blanc de volaille cuite à la broche, que vous pilerez dans un mortier avec quelques amandes douces et six jaunes d'œufs durs ; quand le tout est pilé convenablement, mettez-y le bouillon où est la mie de pain, et passez le tout dans un étamine, en y ajoutant un demi-setier de crème, ou un poisson de lait ; après l'avoir assaisonné de bon goût, vous le tiendrez chaud au bain-marie ; faites ensuite mitonner votre potage avec des croûtes bien chapelées, et peu de bouillon ; quand vous serez prêt à servir, vous mettrez votre coulis bien chaud dans le potage, sans le faire bouillir, parce qu'il serait en danger de tourner.

Potage ou bisque d'écrevisses.

Après avoir bien lavé une certaine quantité d'écrevisses, vous les mettrez dans une casserole, avec du sel, du gros poivre, de la muscade râpée et un quarteron de beurre ; placez-les sur un feu pas trop ardent ; vous les sauterez ou les remuerez pendant un quart d'heure. Vos écrevisses cuites, laissez-les égoutter, et retirez-en les chairs, que vous pilerez. Vous aurez soin de faire crever du riz dans du bouillon ; vous l'égoutterez et le mettrez dans le mortier avec vos chairs d'écrevisses ; le tout bien pilé, mettez-le dans une casserole, et le délayez avec un peu de bouillon passé à l'étamine ; votre purée confectionnée, délayez-la avec du bouillon, afin qu'elle ne soit ni trop épaisse, ni trop claire ; pilez ensuite les coquilles d'écrevisses ; mettez-y du jus ou du beurre, et passez cette purée dans une étamine. Elle aura alors une couleur rouge. Vous la mettrez dans une casserole sur un feu doux ; tenez vos purées chaudes, et qu'elles ne bouillent point ; mettez vos croûtes dans votre soupière, et versez du bouillon bien chaud sur votre pain, avant de servir ; ensuite, à l'instant de servir, versez votre première purée sur le pain, et quant à celle des coquilles, vous la verserez sur votre potage.

On peut faire ce potage au maigre, il suffit, pour cela, de substituer l'eau au bouillon.

Potage à la purée et aux croûtons.

Coupez une certaine quantité de mie de pain en forme de dés, et faites revenir ces dés dans du beurre frais, jusqu'à ce qu'ils soient bien jaunes.

D'autre part faites cuire des pois dans une marmite

ou une casserole avec un bouquet de persil, quelques ognons, carottes, un clou de girofle, le tout mouillé avec du bouillon. Les pois étant cuits, écrasez-les, et les passez à l'étamine pour en faire une purée. Vous ajouterez à cette purée une quantité de bouillon suffisante pour qu'elle ne soit ni trop claire ni trop épaisse ; vous la verserez sur les croûtons bien revenus et bien chauds, et vous servirez sur-le-champ.

Les potages à la purée de lentilles, à la purée de pommes de terre, à la purée de haricots, etc., se font absolument de la même manière.

Garbure aux laitues, ou à la Villeroi.

Prenez des laitues que vous ferez blanchir ; faites en sorte qu'elles restent entières ; après qu'elles seront refroidies, pressées et ficelées et que vous aurez mis dans une casserole des tranches de veau et des bandes de lard, vous y placerez vos laitues, que vous recouvrirez de lard, avec deux ou trois carottes, plusieurs ognons, et deux clous de girofle. Mouillez-lez avec du bouillon, et faites-les mitonner près de deux heures, jusqu'à ce qu'elles soient parvenues à une parfaite cuisson. Après les avoir égouttées, vous les couperez en tranches, dans leur longueur ; mettez un lit de pain émincé dans votre plat, un lit de laitues, jusqu'à ce qu'il soit au comble ; vous y verserez du bouillon de vos laitues, sans le dégraisser, mais après l'avoir passé au tamis ; placez votre plat sur le feu, jusqu'à ce que cela soit d'un gratin de belle couleur ; à chaque lit vous mettrez un peu de gros poivre et très peu de sel, à cause de la réduction.

La garbure aux choux se fait de la même manière ; il suffit de substituer les choux aux laitues.

Potage aux tomates.

Préparez vos tomates comme il est dit à l'article *Sauce tomate*. Coupez des mies de pain en dés ; faites-les frire dans du beurre et versez dessus votre purée de tomates qui ne doit pas être trop épaisse.

POTAGES MAIGRES.

Presque tous les potages au gras dont nous venons de parler peuvent se faire également au maigre; il suffit pour cela de remplacer le bouillon par de l'eau et d'ajouter une certaine quantité de beurre. Le bouillon gras peut être pourtant plus avantageusement remplacé par du bouillon maigre préparé à l'avance; mais cela n'a guère lieu que dans les cuisines de grandes maisons où l'on observe les commandements de l'Église touchant les jours maigres. Voici toutefois comment on prépare ce bouillon.

Bouillon maigre.

Coupez en quatre un beau chou frisé; mettez-le dans une marmite avec des navets, des carottes, des ognons, des panais coupés en tranches; un pied ou deux de céleri bien épluché, un bouquet de persil, thym, laurier, girofle, une quantité suffisante de beurre; faites bouillir le tout pendant deux heures et passez le bouillon au tamis pour vous en servir au besoin, c'est-à-dire pour l'employer, dans les potages au maigre en place de bouillon gras.

Nota. Il est cependant des potages au maigre qui ne nécessitent par l'emploi de ce bouillon et qui n'ont aucune ressemblance avec les potages au gras dont nous avons indiqué les recettes plus haut; ce sont les suivants.

Potage aux grenouilles.

Les grenouilles étant reputées viande maigre, il suffit d'en faire cuire une certaine quantité dans une marmite, avec sel, bouquet de persil, carottes et poireaux pour obtenir un excellent bouillon, à l'aide duquel on peut faire tous les potages indiqués ci-dessus comme potages au gras.

Potage à la Faubonne.

C'est presque le même potage que celui dit à la julienne ; seulement, il faut couper les légumes en forme de dés, y ajouter des laitues et de l'oseille, passer le tout au beurre, et mouiller ensuite avec du bouillon maigre.

Potage de printemps.

Prenez un litron de pois nouveaux que vous mettrez dans une marmite, avec du cerfeuil, du pourpier, de la laitue, trois ognons, du persil, un morceau de beurre : faites bouillir le tout ensemble, et passez-le après en purée claire ; mitonnez le potage avec les trois quarts de ce bouillon, et dans celui qui vous reste, délayez six jaunes d'œufs, que vous faites lier sur le feu, et les mettez dans votre potage, quand vous êtes prêt à servir.

Potage au lait d'amandes.

Mettez une demi-livre d'amandes douces sur le feu, avec de l'eau prête à bouillir ; vous retirez vos amandes pour en ôter la peau ; jettez-les à mesure dans de l'eau fraîche ; ensuite vous les égouttez pour les bien piler dans un mortier, en les arrosant de temps en temps d'un peu d'eau, de crainte qu'elles ne tournent en huile. Vous mettez dans une casserole une pinte d'eau, un peu de sucre, très peu de sel, de la cannelle, de la coriandre et un zeste de citron ; faites bouillir cette eau avec ce que vous avez mis dedans, environ un quart d'heure, sur un fourneau ; vous vous servez après de cette composition pour passer vos amandes dans une serviette, en le couvrant de temps à autre avec une cuillère de bois, prenez ensuite le plat que vous devez servir, et mettez dessus un pain branché et séché ; vous versez dessus le lait d'amandes, le plus chaud que vous pouvez, sans bouillir.

Potage à la citrouille ou potiron.

Prenez un quartier de potiron ; ôtez-en la peau, les pépins et les zestes ; coupez-le par petits morceaux, et mettez-le dans une marmite avec de l'eau, et faites cuire jusqu'à ce qu'elle soit réduite en marmelade, et qu'il ne reste plus d'eau; mettez-y un morceau de beurre gros comme un œuf, et un peu de sel; ensuite faites bouillir une pinte de lait, et mettez-y la quantité de sucre que vous jugerez convenable; versez votre lait sur la citrouille; arrangez du pain tranché sur un plat; mouillez-le avec du bouillon de votre citrouille; couvrez le plat et le mettez sur de la cendre chaude pendant un quart d'heure, pour que le pain ait le temps de tremper, ayant soin qu'il ne bouille pas. En servant, vous y mettez le restant de votre bouillon, bien chaud.

Potage au lait.

Dressez des croûtes de pain mollet dans une soupière; saupoudrez-les de sucre en poudre, et versez dessus du lait bouillant.

Riz au lait.

Lavez du riz bien épluché; faites-le crever dans un peu d'eau légèrement salée, et, à mesure qu'il gonfle, mouillez-le avec du lait. Lorsqu'il est bien cuit, vous ajoutez le lait nécessaire pour qu'il ne soit ni trop épais ni trop clair, et vous servez avec du sucre en poudre et de l'eau de fleur d'oranger à part.

Vermicelle au lait.

Il se fait absolument comme le vermicelle au gras, avec cette seule différence que le lait remplace le bouillon, et qu'on le sert avec du sucre en poudre à part.

Panade.

Mettez dans une casserole pain, beurre très frais, sel et poivre; mouillez avec de l'eau, et faites dissoudre jusqu'à ce que le pain soit bien dissous. Retirez du feu cette préparation; ajoutez-y un peu de beurre qui ne doit pas bouillir, quelques jaunes d'œufs battus, et servez le plus chaud possible.

Observation.

Il en est des potages comme de tous les autres mets; ils peuvent se modifier à l'infini, se combiner de mille manières; cela dépend de l'intelligence de l'opérateur: les éléments que nous lui donnons ici doivent lui servir dans tous les cas.

CHAPITRE II.

DES SAUCES.

Fonds.

On appelle fond, en cuisine, l'eau, ou, si l'on veut, le bouillon dans lequel on a fait cuire certaines viandes, comme les fricandeaux, par exemple. C'est un bouillon extrêmement fort, bien corsé, comme on dit dans le langage du métier, et dont on se sert avec succès pour une foule de sauces. Il n'y a pas de bon cuisinier qui n'ait toujours des *fonds* en réserve.

Sauce grande espagnole.

Mettez dans une casserole deux noix de veau, quatre perdrix, la moitié d'une noix de jambon, cinq grosses carottes, cinq ognons et cinq clous de girofle; mouillez vos viandes avec une bouteille d'excellent vin blanc, et une cuillerée à pot de gelée; placez votre casserole sur un grand feu; votre mouillement réduit, mettez-le sur un feu doux; lorsque votre glace est plus que blonde, retirez votre casserole du feu, et la laissez hors de ce même feu pour que la glace puisse bien se détacher; vous aurez fait suer des sous-noix, et vous prendrez ce mouillement pour mouiller votre espagnole; quand elle sera bien écumée, vous aurez un roux que vous délayerez avec votre mouillement, et le servirez sur votre viande. Ajoutez-y trois feuilles de laurier, du thym, des champignons, un bouquet de persil et ciboules, et plusieurs échalottes; faites bouillir doucement votre sauce pendant deux ou trois heures, jusqu'à ce que vos viandes soient cuites. Ayez soin de bien écumer ce que vous mettez sur le feu, et que votre sauce ne soit ni trop brune, ni trop pâle, ni trop claire, ni trop liée, et qu'elle soit d'un bon goût. — Cette sauce se nomme, en petite cuisine, *blond de veau.*

Velouté ou coulis.

Mettez dans une casserole deux sous-noix de cuissot de veau, deux poules, trois ou quatre carottes, autant d'ognons, deux clous de girofle, un fort bouquet de persil et ciboules : vous y mettrez plein une cuillère à pot de consommé. Placez votre casserole sur un feu un peu ardent : écumez bien vos viandes, et essuyez l'intérieur de votre casserole, afin que votre sauce ne soit point troublée; votre mouillement diminué, vous le mouillerez avec du consommé; ayez soin qu'il soit bien clair, et qu'il n'ait pas de couleur brune. Vous aurez soin aussi d'écumer votre consommé. Lorsqu'il bouillira, vous le mettrez sur le coin du fourneau. Vous ferez un roux blanc, dans lequel vous mettrez dix-huit à vingt champignons, que vous aurez sautés à froid dans de l'eau et du citron, que vous remuerez dans votre roux bien chaud. Vous délayerez ensuite votre roux avec le mouillement de votre velouté. Après, vous le verserez sur vos viandes. Vous ferez bouillir doucement votre sauce : vous l'écumerez bien. Au bout d'une heure, vous la dégraisserez. Votre viande cuite, passez votre sauce à l'étamine : faites en sorte que votre velouté soit très blanc.

Sauce piquante.

Mettez dans une casserole un verre de vinaigre, un peu de petit piment, du poivre, une feuille de laurier et un peu de thym ; faites réduire à moitié ce qui est dans votre casserole ; alors vous y ajouterez plein trois cuillerées d'espagnole, et deux cuillerées de bouillon ; faites réduire votre sauce à une juste mesure, et mettez-y le sel nécessaire pour qu'elle soit de bon goût.

Sauce à la ravigote.

Mettez dans une casserole un verre de bouillon, une demi-cuillerée à café de vinaigre, sel, poivre, un petit morceau de beurre manié de farine et deux pincées de fourniture de salade, telle que civette, estragon, pimprenelle, cerfeuil, cresson ; faites bouillir cette fourniture un moment dans l'eau, pressez-la bien et hachez-la très fine, mettez-la dans la sauce, et faites-la lier sur le feu pour la servir sur ce que vous voudrez.

Rémolade.

Ayez plein un verre de moutarde que vous délayerez dans un vase ; ayez un peu d'échalotes et un peu de ravigote que vous mettrez dans votre moutarde ; joignez-y six cuillerées d'huile, trois de vinaigre, du sel et du poivre ; délayez le tout ensemble, et mettez-y deux jaunes d'œufs crus que vous remuerez avec votre rémolade ; tournez-la bien, afin que votre sauce soit bien liée ; ayez soin qu'elle soit un peu épaisse.

Sauce au blanc.

Prenez une livre de lard râpé, une livre de graisse, une demi-livre de bon beurre, deux citrons coupés en tranches, dont vous ôterez le blanc, du laurier, deux ou trois clous de girofle, quatre ou cinq carottes, coupées en dés, quatre ou cinq ognons, une cuillerée d'eau ; vous ferez bouillir le tout, jusqu'à ce qu'il soit réduit, ayant soin de tourner sans cesse votre blanc, de crainte qu'il ne s'attache ; quand il n'y aura plus de mouillement et que votre graisse sera fondue, vous y jetterez du sel blanc, vous le ferez bouillir, vous l'écumerez, après quoi vous vous en servirez pour les mets indiqués.

Sauce à la sultane.

Mettez dans une casserole une chopine de bouillon avec un verre de vin blanc, deux tranches de citrons sans peau, deux clous de girofle, une gousse d'ail, une demi-feuille de laurier, persil, ciboule, un ognon et une racine; faites bouillir une heure et demie à petit feu et réduire au point d'une sauce, passez-la au tamis, ensuite vous y mettrez un peu de sel, gros poivre, un jaune d'œuf dur haché, une pincée de persil blanchi haché.

Sauce à l'allemande.

Mettez dans une casserole un peu de coulis avec autant de bouillon, une pincée de persil blanchi haché, deux foies de volailles cuits, un anchois et des câpres, le tout haché très fin, gros comme la moitié d'un œuf de bon beurre, sel, poivre : faites lier la sauce sur le feu et servez-vous-en pour ce que vous jugerez à propos.

Sauce Robert.

Mettez dans une casserole un peu de beurre avec une cuillère à bouche de farine, faites roussir votre farine à petit feu ; quand elle est de belle couleur, mettez-y trois gros ognons hachés très-fin, et du beurre suffisamment pour faire cuire l'ognon, mouillez ensuite avec du bouillon, dégraissez la sauce et la laissez bouillir une demi-heure; quand vous êtes prêt à servir, mettez-y sel, gros poivre, filet de vinaigre et de moutarde.

Sauce au fumet de gibier.

Mettez dans une casserole trois perdrix ou lapereaux de garenne; ajoutez trois carottes, autant d'ognons, deux clous de girofle, deux feuilles de laurier, un peu de thym; vous mouillez le tout avec un demi-litre de vin blanc; faites réduire le vin avec votre gibier, jusqu'à la glace, et mouillez-le avec du consommé. Lorsque votre gibier est cuit, vous passez cette essence au travers d'une serviette, et vous vous en servez pour travailler. Quand votre sauce est réduite et dégraissée à son point, vous la passez à l'étamine, et la mettez dans une casserole au bain-marie.

Sauce à la maître-d'autel.

Mettez un quarteron de beurre dans une casserole, du persil et des échalotes hachés très menus, du sel, du poivre, et un jus de citron ; vous pétrirez le tout ensemble. Au moment de servir, vous verserez votre sauce dessus ; dessous, dans les viandes ou poissons, à volonté.

Sauce à la poivrade.

Mettez dans une casserole gros comme la moitié d'un œuf de beurre, deux ou trois ognons en tranches, carottes et panais coupés en zestes, une gousse d'ail, deux clous de girofle, une feuille de laurier, thym, basilic; passez le tout sur le feu, jusqu'à ce qu'il commence à se colorer ; mettez-y une bonne pincée de farine, mouillez avec un verre de vin rouge, un verre d'eau, une cuillerée de vinaigre. Faites bouillir une demi-heure, dégraissez, passez au tamis. Mettez-y du sel, gros poivre. Servez-vous-en pour tout ce qui a besoin d'être relevé.

Sauce au jus d'orange.

Mettez dans une casserole un demi-verre de bon bouillon, avec autant de jus, quelques zestes de pelure d'orange aigre, gros comme la moitié d'un œuf de bon beurre manié avec une petite pincée de farine, sel, gros poivre ; faites lier sur le feu, et y pressez ensuite le jus d'une orange aigre.

Beurre noir.

Mettez du beurre dans une poêle, et faites-le chauffer

jusqu'à ce qu'il commence à noircir; versez-le alors sur le mets auquel il est destiné; puis faites chauffer un peu de vinaigre dans la même poêle, et versez ce vinaigre chaud par-dessus le beurre.

Sauce blanche.

Mettez dans la casserole un morceau de beurre manié de farine. Mouillez d'eau et tournez jusqu'à ce qu'elle soit près de bouillir. Lorsqu'elle bout, retirez du feu, mettez sel, poivre, vinaigre.

Roux.

Faites fondre du beurre, saupoudrez-le en tournant d'autant de farine qu'il en peut boire; faites prendre couleur à petit feu et en tournant toujours.

Sauce béchamelle au gras.

Demi-livre de lard haché, une carotte, un navet, deux ognons. graisse de veau; passez le tout au beurre; ajoutez deux cuillerées de farine : mouillez de bouillon, sans laisser prendre couleur. Mettez sel, poivre, girofle, thym, laurier, persil; après une heure de cuisson, passez et servez avec un filet de vinaigre.

Sauce béchamelle au maigre.

Mettez dans une casserole, beurre, ognons en tranches, carottes, persil, champignons. Passez sur le feu. Ajoutez un peu de farine jusqu'à ébullition. Laissez mijoter trois quarts d'heure. Passez au tamis et liez avec du beurre ou des jaunes d'œufs.

Sauce tomate.

Otez les pepins et le jus d'une certaine quantité de tomates; mettez-les, ainsi purgées, dans une casserole avec beurre, ognons, bouquet garni, sel, poivre, girofle, mouillez avec du bouillon; faites bouillir pendant une heure. Passez ensuite le tout à l'étamine pour en obtenir une purée, que vous éclaircissez ensuite en y ajoutant du bouillon, si cela est nécessaire.

Sauce à la tartare.

Délayez de la moutarde avec de l'huile; ajoutez-y un filet de vinaigre, du persil et des échalotes hachés.

Sauce à l'anglaise.

Mettez dans une casserole des anchois, des câpres, de jaunes d'œufs; le tout haché menu; du gros poivre. Mouillez avec du bouillon; faites chauffer, et liez la sauce avec un peu de beurre pétri avec de la farine.

Beurre d'anchois.

Lavez des anchois; pilez-les dans un mortier, et pétrissez-les avec du beurre frais. Cette préparation se met sous les mets que l'on doit servir *au beurre d'anchois.*

Mayonnaise.

Mettez quelques jaunes d'œufs dans un vase avec sel, poivre, un peu de vinaigre; remuez vivement avec une cuillère de bois, et ajoutez-y au fur et à mesure un peu d'huile, lorsque le tout formera une crême bien unie, vous verserez la sauce sur le mets auquel vous la destinez.

Les truffes étant l'élément le plus indispensable d'une foule de garnitures, nous avons cru devoir nous en occuper spécialement en tête de cet article essentiel.

Les truffes, dit le spirituel auteur du *Code gourmand*, ont, comme toutes les plantes, leur degré de maturité. Il faut les récolter alors seulement qu'elles possèdent le complément de leur arôme et de leur saveur, c'est-à-dire vers le mois de janvier.

On connaît trois principales variétés de truffes, la blanche, la rouge et la noire. La première est la moins estimée, la seconde la plus rare, la troisième est incontestablement la meilleure.

Quant à la vertu érotique des truffes, elle est certainement beaucoup moins grande qu'on le croit communément; Brillat-Savarin après avoir profondément étudié cette question a rendu la décision que voici :

« La truffe n'est point un aphrodisiaque positif, mais elle peut, en certaines occasions, rendre les femmes plus tendres et les hommes plus aimables. »

Il est bien entendu que ce grand maître du gai savoir entendait parler de la truffe noire; la vertu des autres, sous ce rapport, étant absolument nulle, vérité surabondamment démontrée par l'anecdote historique que voici :

Après des efforts inouïs, une persévérence prodigieuse, un des plus jeunes membres du conseil d'État avait enfin obtenu d'une femme charmante qu'il adorait un tête-à-tête de quelques heures. Un dîner fin avait été commandé exprès pour la circonstance, et l'amoureux conseiller se défiant des dangers d'une émotion trop vive au moment décisif, avait surtout recommandé les truffes.

Le repas fut divin. Au dessert, les yeux étaient étincelants, les propos tendres; l'amant devint pressant; la jeune belle se défendait à peine; le roman marchait à la conclusion avec une rapidité extrême..... Tout à coup l'infortuné séducteur s'arrête, il pâlit, balbutie, son regard se porte sur quelques débris du festin, et il s'écrie avec l'accent du désespoir : *Hélas ! les truffes étaient blanches !* »

La connaissance des truffes est donc une chose importante dans l'ordre moral autant que dans l'ordre physique, et il demeure incontestable et inconsté que la truffe noire est seule digne de l'estime du gastronome.

Dans quelques cantons, on lave les truffes pour les conserver, ce qui leur fait perdre la plus grande partie de leur arôme; dans d'autres, on les brosse, et l'inconvénient est le même; le seul moyen de les conserver avec toutes leur vertus, est de les laisser entourées de quelques parties de leur terre natale.

Ainsi que nous venons de le dire, la truffe tient le premier rang dans les garnitures; viennent ensuite les morilles, mousserons, champignons, les écrevisses, les laitances de certains poissons, les foies gras, les olives, les marrons, puis les farces.

Truffes pour garnitures.

Pelez de moyennes truffes et les coupez en tranches; mettez-les dans une casserole, avec un petit morceau de beurre, un bouquet de persil, ciboule, une demi-gousse d'ail, deux clous de girofle; passez-les sur le feu et y mettez une pincée de farine; mouillez avec un verre de bouillon et autant de vin blanc, faites cuire à petit feu pendant une demi-heure, dégraissez et y ajoutez un peu de coulis, sel, gros poivre.

Mousserons, champignons et morilles pour garnitures.

Mettez des mousserons dans une casserole avec un morceau de beurre, un bouquet de persil, ciboule, passez-les sur le feu, mettez-y une pincée de farine, et mouillez avec un verre de bouillon, un demi-verre de vin blanc, autant de jus; faites cuire une bonne heure, dégraissez, ajoutez-y un peu de coulis, si vous en avez; si vous n'en avez point, vous y mettrez un peu plus de farine; en les passant, assaisonnez de sel, gros poivre. Le ragoût de champignons et de morilles se fait de même.

Ragoût d'écrevisses pour garniture.

Après avoir fait cuire des écrevisses dans de l'eau, avec sel, poivre, ognon coupé en tranches, bouquet garni, vinaigre; on épluche les queues que l'on met dans une casserolle avec quelques cuillerées de coulis et un peu de vin blanc. On fait bouillir le tout, et l'on en garnit le mets auquel ce ragoût est destiné.

Garniture de foies gras.

Vous ôtez l'amer des foies et les laissez entiers; vous les faites blanchir un instant à l'eau bouillante; vous les mettez ensuite dans une casserole, avec deux cuillerées de coulis, un demi-verre de vin blanc, autant de bouillon, un bouquet de persil, ciboule, de l'ail, sel, gros poivre. Faites-les bouillir une demi-heure, ayant soin de bien dégraisser. Vous pouvez servir avec telle viande que vous jugerez à propos, ou seul, pour entre-mets.

Garniture de laitances.

Faites bouillir un moment à l'eau bouillante deux laitances de carpes et les mettez dans une casserole avec deux cuillerées de coulis, un demi-verre de vin blanc, autant de bouillon, un bouquet de persil, ciboule, une demi-gousse d'ail; faites bouillir un quart d'heure, assaisonnez de sel, gros poivre; en maigre, mettez dans une casserole, ognons en tranches, une racine, un panais coupé en zeste, un bouquet de persil, ciboule, une pointe d'ail, deux clous de girofle, une demi-feuille de laurier, thym, basilic, un morceau de beurre; passez-les sur le feu, et y mettez une pincée de farine; mouillez avec un verre de vin blanc, autant de bon bouillon maigre, faites bouillir et réduire à moitié, passez la sauce au tamis, mettez-y les laitances pour les faire bouillir un quart-d'heure, et avant que de servir, une liaison de trois jaunes d'œufs délayés avec de la crème ou du lait, sel, gros poivre; faites lier sur le feu sans bouillir.

Farce cuite.

Pilez dans un mortier des blancs de volaille en y ajoutant poivre, sel et muscade; pilez d'autre part de la mie de pain dissoute dans du bouillon par l'ébullition. Mettez cette mie de pain et ces blancs de volaille dans le même mortier; ajoutez-y de la tétine de veau, de la muscade, du persil haché, des jaunes d'œufs, et pilez de nouveau jusqu'à ce que cela forme une pâte.

Pâte à frire.

Délayez de la farine avec des jaunes d'œufs et du vin blanc; ajoutez-y un peu de beurre, et battez le tout jusqu'à ce que cela forme une pâte, laquelle peut servir pour les beignets et autres mets frits du même genre.

CHAPITRE IV,

DU BŒUF.

Le bœuf qui a servi à faire du bouillon est un mets peu succulent; car, ainsi que le dit l'éminent professeur Brillat-Savarin, le bouilli est de la chair moins son jus. Cependant, il sert en général de relevé de potage sur les tables de la petite propriété, et même on accommode le bouilli du lendemain pour en faire des entrées. Les manières les plus ordinaires d'accommoder le bouilli froid sont le miroton, le hachis et la vinaigrette.

Miroton.

Coupez des ognons par tranches et jetez dans le beurre. Faites roussir, liez de farine, mouillez de bouillon, faites réduire, ajoutez votre bœuf cuit et coupé par tranches.

Hachis de bœuf.

Faites revenir dans du beurre des ognons hachés, saupoudrez-les de farine, et laissez-les jaunir. Mouillez avec du bouillon et un peu de vin blanc, et mettez dans cette préparation le bouilli haché bien menu, avec sel et poivre. Laissez bouillir le tout pendant quelques instants, et servez.

Bœuf en vinaigrette.

Coupez du bouilli froid et bien maigre par petites tranches; mettez dessus du cerfeuil et de la ciboule hachés, des câpres, des cornichons coupés par morceaux, et servez avec huile, vinaigre, poivre et sel.

Bœuf à la mode.

Faites revenir votre bœuf, piqué de gros lardons, dans une casserole, avec jarrets de veau, beurre, ognon piqué de clous de girofle, mouillez d'eau et de petite quantité de bon vin. Ajoutez, au bout d'une heure, lard, bouquet garni, pied de veau, carottes, ognons, dépotez à moitié cuit, clarifiez la gelée et dégraissez. Laissez cuire cinq ou six heures et servez, soit chaud avec les légumes, soit froid avec la gelée.

Terrine à la paysanne.

Coupez du bœuf bien maigre par petites tranches, avec du petit lard maigre, persil, ciboules hachées, fines épices, une feuille de laurier; prenez une terrine; faites un lit de bœuf, un lit de petit lard, un peu d'assaisonnement, et à la fin, une cuillerée d'eau-de-vie avec deux cuillerées d'eau; faites cuire sur de la cendre chaude, comme du bœuf à la mode, après avoir bien bouché la terrine; quand il est cuit, dégraissez et servez dans la terrine.

Langue de bœuf en hoche-pot.

Faites cuire à moitié dans de l'eau une langue de bœuf, ôtez-en la peau, coupez la langue en six morceaux, que vous mettez dans une petite marmite avec un morceau de petit lard blanchi coupé en tranches tenant à la couenne et ficelé, toutes sortes de légumes coupés proprement et blanchis, comme carottes, panais, céleri, oignons, un bouquet de fines herbes, clous de girofle, une gousse d'ail, mouillez de bon bouillon, un verre de vin blanc, un peu de sel, gros poivre, faites cuire à petit feu ; étant cuit, dressez le tout proprement dans le plat que vous devez servir, ou dans une terrine, passez la sauce au tamis, dégraissez-la, mettez-y un peu de blond de veau, faites réduire au point d'une sauce, et versez cette préparation sur la langue de bœuf.

Langue de bœuf à la persillade.

Faites blanchir votre langue, un quart d'heure, à l'eau bouillante, ensuite vous la lardez avec du gros lard, et la mettez cuire dans une marmite ; quand elle est cuite, ôtez-en la peau, et fendez-la un peu plus de moitié dans sa longueur, pour l'ouvrir en deux sans la séparer ; servez-la avec du bouillon, sel, gros poivre, un filet de vinaigre, et persil haché.

Langue de bœuf en pampiettes.

Prenez une langue de bœuf dont vous ôterez le cornet, et que vous ferez blanchir un demi-quart d'heure à l'eau bouillante ; mettez-la cuire dans le pot-au-feu jusqu'à ce que la peau puisse s'enlever ; elle ne gâtera point votre bouillon ; ôtez-en la peau, et mettez-la refroidir ; vous la coupez en tranches minces dans toute sa largeur et longueur ; couvrez chaque morceau avec de la farce de godiveau, ou autre farce de viande, de l'épaisseur d'un petit écu ; passez un couteau trempé dans de l'œuf sur la farce ; roulez-les ensuite, et les embrochez dans un attelet ; après avoir mis à chacune une petite barde de lard, faites-les cuire à la broche ; quand elles seront presque cuites, jetez de la mie de pain sur les bardes ; faites prendre une couleur dorée à feu clair, et vous les servirez avec une sauce piquante dessous.

Langue de bœuf à l'écarlate.

Faites griller sur la braise ardente, pour enlever la peau dure. Frottez-la de poivre et d'un peu de salpêtre, roulez-la dans le sel. Mettez-la dans un vase avec quelques clous de girofle, peu de thym et laurier. Laissez dans cette saumure douze jours en ayant soin de renouveler le sel. Faites sécher alors.

Pour la cuire : marmite pleine d'eau, ognons, girofle, thym, laurier, ni poivre ni sel. Six ou sept heures de cuisson. Faites égoutter et refroidir.

Langue de bœuf rôtie.

Faites blanchir, cuisez avec bouquet, épices et tranches de lard; piquez ensuite, embrochez une heure, et servez avec sauce piquante.

Langue de bœuf en daube.

Faites blanchir une langue de bœuf, ensuite vous la piquerez avec des lardons assaisonnés de poivre, sel, persil, et ciboules hachés menu; vous la mettrez cuire dans une marmite où vous jetterez quelques bardes de lard, des tranches de veau, carottes, ognons, thym, laurier et clous de girofle; mouillez avec du bouillon, et laissez cuire quatre à cinq heures. Au moment de servir, ôtez la peau de dessus à la langue, que vous mettrez dans un plat sur la sauce réduite.

Langue de bœuf aux cornichons.

Préparez la langue de bœuf comme il est dit à l'article précédent, et au lieu de la servir avec la sauce dans laquelle elle a cuit, dressez-la sur une sauce piquante.

Langue de bœuf au gratin.

La langue étant cuite comme il est dit ci-dessus, laissez-la refroidir; coupez-la en tranches; hachez du persil, de la ciboule, cinq feuilles d'estragon, des échalotes, des câpres et un anchois; prenez une demi-poignée de mie de pain, que vous mêlerez avec gros comme la moitié d'un œuf de beurre, et une partie de ce que vous avez haché, pour mettre le tout ensemble dans le fond du plat; arrangez la moitié de la langue dessus; assaisonnez-la de sel, gros poivre, et mettez le restant de vos petites herbes dessus; arrangez une seconde couche du restant de la langue, sel, gros poivre par-dessus; mouillez avec trois ou quatre cuillerées de bouillon, et un demi-verre de vin blanc ou rouge; faites bouillir jusqu'à ce qu'il se fasse un gratin dans le fond du plat; en servant, vous y mettrez un peu de bouillon, seulement pour que cela marque une petite sauce.

Palais de bœuf à la lyonnaise.

Faites revenir des ognons dans du beurre jusqu'à ce qu'ils soient cuits et de couleur brune. Coupez par morceaux ronds ou carrés les palais de bœuf cuits dans du bouillon. Passez l'ognon à l'étamine pour en faire une purée. Assaisonnez cette purée de fines herbes, poivre, sel; dressez-la sur un plat, et placez dessus les palais de bœuf.

Palais de bœuf à la béchamel.

Vous prendrez des palais de bœuf que vous couperez en petits carrés, et que vous ferez cuire dans un blanc; ayez une sauce Béchamel (*Voyez sauce Béchamel*); faites-les sauter dans votre sauce, en faisant en sorte qu'elle ne soit ni trop claire, ni trop épaisse; mettez-y un peu de gros poivre, et servez-la ensuite bien chaude.

Palais de bœuf frits.

Épluchez des palais de bœuf cuits avec bouillon, sel, poivre, bardes de lard, la moitié d'un citron en tranches la peau ôtée, un bouquet de fines herbes, ail, échalotes; mettez égoutter, coupez-les en deux, et chaque moitié en deux tranches minces dans leur longueur et largeur; mettez sur chacune de la farce de volaille bien assaisonnée, roulez-les et soudez avec de l'œuf battu, trempez-les dans une pâte faite avec de la farine, une cuillerée d'huile, sel, délayez avec du vin blanc; que cette pâte soit consistante sans être trop épaisse; faites frire de belle couleur.

Cervelles de bœuf au beurre noir.

Après avoir épluché vos cervelles, en ôtant le sang caillé, la petite peau et les fibres, vous les mettrez dégorger dans de l'eau tiède pendant une heure et demie ou deux heures; après quoi vous les ferez cuire entre des bardes de lard, auxquelles vous ajouterez des feuilles de laurier, des tranches d'ognons, des carottes, un bouquet de persil, de la ciboule, un verre de vin blanc, et du bouillon; après qu'elles auront bouilli doucement sur le feu, une demi-heure, égouttez-les, et mettez du beurre noir dessous, et du persil frit dessus.

Cervelles de bœuf à la sauce piquante.

Les cervelles étant cuites, comme il est dit à l'article précédent, dressez-les sur une sauce piquante.

Cervelles de bœuf à la poulette.

Faites cuire les cervelles comme il est dit ci-dessus, et servez-les sur une sauce faite de velouté, champignons, fines herbes; liez avec un jaune d'œuf, et ajoutez un jus de citron.

Cervelles de bœuf en matelote.

Faites dégorger, faites blanchir avec eau, sel et vinaigre; faites un roux, ajoutez des ognons, mouillez de bouillon, faites mijoter avec vin rouge, sel, poivre, laurier et thym. Au moment de servir liez avec beurre manié de farine.

Beefteck.

Faites mariner des tranches de filet de bœuf dans le beurre tiède, sel et poivre; faites cuire à feu vif et servez saignant avec beurre manié de persil, un filet de verjus ou de citron. Le beefteck se sert aussi garni de pommes de terre frites au beurre, de cresson assaisonné de vinaigre et de sel, de beurre d'écrevisses, de beurre d'anchois, ou sur une sauce piquante.

Entre-côtes.

Les entre-côtes se préparent de la même manière que les beeftecks.

Filet de bœuf rôti.

Lardez un filet de bœuf; faites-le rôtir à grand feu, et servez-le sur une sauce piquante.

Filet de bœuf braisé.

Levez le filet de votre aloyau, et ôtez-en toute la graisse; vous couchez ensuite votre filet sur la table, du côté où est la peau, ayant soin de faire bien poser les chairs sur la table; vous mettez le tranchant d'un couteau qui coupe bien, entre la peau et la viande, en sorte qu'en faisant aller et venir votre couteau, vous sépariez la peau d'avec le filet; quand il est bien préparé, vous prenez de gros lardons dans lesquels vous mettrez du thym, du laurier haché bien menu, des quatre épices, du sel et du poivre; vous piquez votre filet, et le ficelez, dans la forme que vous jugerez plus convenable; vous mettrez au fond de votre casserole des bardes de lard, des tranches de veau et de bœuf, cinq ou six ognons, deux ou trois clous de girofle, du thym, du laurier, de la ciboule et un bouquet de persil; vous placez ensuite le filet dans votre casserole, vous le couvrez de lard, et arrangez quelques morceaux de viande à l'entour; versez-y deux cuillerées à pot de bouillon, et très peu de sel; faites bouillir; ensuite vous le mettez sur un feu doux, pour le faire mijoter pendant une heure et demie, vous prenez le bouillon dans lequel a cuit votre filet, vous le passez au tamis, vous le faites réduire; qnand votre filet est égoutté, déficelez-le, glacez-le et dressez-le sur votre plat avec son bouillon.

Filet de bœuf au vin de Malaga.

Préparez votre filet comme le précédent; piquez-le de gros lardons, dans lesquels vous mettrez des quatre épices, un peu de thym, du laurier haché, et un peu de sel; votre filet piqué, vous le ficellerez; mettez ensuite dans le fond d'une casserole des bardes de lard, deux ou trois tranches de veau et de bœuf, des carottes, des ognons, un bouquet garni; vous placerez votre filet dans la casserole; vous la garnirez de bardes de lard, et vous y mettrez une demi ou trois quarts de bouteille de vin de Malaga, selon la grosseur de votre filet, et vous y ajouterez la moitié d'une cuillerée à pot de bouillon; faites bouillir votre filet; lorsqu'il aura jeté quelques bouillons, vous le mettrez mijoter sur un feu doux, pendant deux heures et demie ou trois heures; quand il sera cuit, vous passerez le mouillement dans un tamis; vous mettrez trois cuillerées à dégraisser de sauce espagnole, et vous verserez dans votre sauce votre mouillement; faites-le réduire à la glace, afin qu'il ne produise de jus que pour saucer votre filet; vous l'égouttez, le déficelez, le glacez, et vous versez votre réduction dessous.

Filet de bœuf sauté.

Coupez le filet de bœuf par tranches comme pour les beeftecks; mettez-les dans un plat à sauter, et faites cuire avec du beurre; ajoutez un peu de sauce espagnole et servez.

On peut ajouter aux filets ainsi sautés des truffes coupées par tranches ou des champignons; on y ajoute aussi du vin de Madère.

Rognon de bœuf sauté au vin.

Coupez par tranches, passez au roux avec épices et bouquet garni. Mouillez de vin, faites jeter un bouillon; liez d'un peu de farine, laissez réduire.

Queue de bœuf en hochepot.

Pour faire un hochepot de queue de bœuf, vous la coupez par morceaux, de joint en joint. Faites-la blanchir et cuire avec du bon bouillon, un bouquet garni, peu de sel; il faut cinq heures de cuisson. A la moitié de la cuisson, vous y mettez du lard, trois ou quatre carottes, de l'ognon, clous de girofle, thym et laurier. Quand elle est cuite, arrangez vos légumes avec la viande, dans un plat propre à servir sur table. On peut aussi la servir sans légumes, en mettant à la place différentes sauces; mais il faut toujours que la queue soit cuite à la braise.

La queue de bœuf cuite de cette manière peut se servir sur une purée, sur une sauce tomate, sur des choux, ou garnie d'un ragoût de champignons.

Gras-double à la poulette.

Nettoyez et lavez bien, faites dégorger et cuire avec tranches d'ognon, ail, clous de girofle; passez dans le beurre avec pincée de farine; mouillez de bouillon, liez avec jaunes d'œufs.

Gras-double à la lyonnaise.

Le gras-double étant cuit comme il est dit à l'article précédent, on le coupe par tranches et on le fait sauter à la poêle avec du beurre et des ognons coupés par tranches jusqu'à ce que le tout soit roux.

Gras-double grillé.

Le gras-double étant cuit comme il est dit ci-dessus, on en prend la partie la plus épaisse que l'on fait griller; et l'on le sert sur une sauce piquante.

Foie de bœuf.

Le foie de bœuf est un mets peu délicat; cependant on peut le traiter comme le foie de veau. (Voyez au chapitre VI.)

Cœur de bœuf braisé.

On pique un cœur de bœuf et on le fait cuire comme il est dit à l'article *Bœuf à la mode.*

Cœur de bœuf grillé.

Coupez par tranches, faites griller et servez sur une sauce piquante.

Tétine de vache à la poulette.

Faites cuire la tétine comme le bœuf à la mode; faites-la égoutter, coupez-la par morceaux, et faites-la sauter dans une sauce blanche à laquelle vous ajouterez des champignons et que vous lierez avec un jaune d'œuf.

CHAPITRE V.

DU MOUTON ET DE L'AGNEAU.

Langues de mouton braisées.

Lorsque les langues sont bien dégorgées, on les fait blanchir; après les avoir fait rafraîchir on coupe le cornet et on les larde; on fonce une casserole avec des bardes de lard, du veau coupé par tranches, des carottes, des ognons, clou de girofle, et un bouquet garni; on y met les langues que l'on recouvre de bardes de lard, on ajoute un peu de bouillon et on laisse cuire à petit feu

Langues de mouton en papillotes.

Après les avoir faire cuire de la même manière que les langues braisées, on les coupe en long, on met dessus des fines herbes, on les enveloppe dans du papier huilé, on les met sur le gril et on laisse cuire à petit feu. Dressez-les sur un jus clair.

Cervelles de mouton.

On les prépare et on les fait cuire de la même manière que les cervelles de veau.

Carré de mouton à la Conti.

Après avoir enlevé les peaux qui sont sur le filet, on le larde avec des anchois lavés, et du petit lard qu'on a d'avance manié avec de la ciboule, du persil, des échalotes, du laurier, de l'estragon et un peu de gros poivre. On met le tout dans une casserole en y ajoutant du vin blanc et du bouillon, on laisse cuire à petit feu; avant de servir on dégraisse la sauce, qu'on lie sur le feu avec un peu de beurre manié dans une pincée de farine.

Côtelettes de mouton à la marinière.

On les fait rissoler dans une casserole avec un peu de beurre. On mouille avec du vin blanc et du bouillon. On ajoute des ognons blancs, et vingt minutes après une carotte, un panais et du lard coupé en filets, du sel, du poivre, de la sarriette, du persil haché, un filet de vinaigre, et vous laissez cuire à petit feu; pour servir, vous dressez les ognons autour des côtelettes que vous parez avec les filets de racines et de lard.

Côtelettes de mouton sautées.

Après avoir fait parer les côtelettes de manière à ce qu'il ne reste que la noix, on les assaisonne et l'on verse dessus du beurre tiède, on les pose dans le plat à sauter et l'on fait cuire sur un feu ardent; pour servir, on dresse les côtelettes sur une sauce liée dans laquelle on a mis un peu de jus clair; on pare ensuite avec des petites racines tournées.

Côtelettes de mouton grillées.

Vous ôtez de vos côtelettes la peau et les os, excepté l'os de la côte, en leur donnant une forme ronde du côté du filet : faites en sorte de les approprier tellement qu'on puisse prendre la côtelette avec les doigts sans toucher à la viande, saupoudrez de sel et poivre; faites cuire sur le gril à un feu vif, et servez saignantes.

Côtelettes de mouton à la Soubise.

Piquez de lard, faites cuire comme la selle de mouton braisée; parez, dressez en couronne avec cordon d'ognons glacés, purée d'ognons blancs et croûtes.

Côtelettes de mouton à la jardinière.

Voyez *Carbonades de mouton à la jardinière*; les côtelettes se font de la même manière.

Côtelettes de mouton panées grillées.

Vous préparez vos côtelettes comme celles ci-dessus; après les avoir assaisonnées de sel, de gros poivre, vous les trempez dans du beurre tiède; quand elles en sont imbibées, vous les saupoudrerez de mie de pain, ayant soin qu'elles en prennent suffisamment; vous les déposez ensuite sur un couvercle de casserole, en y remettant de la mie de pain dessus et dessous; un quart d'heure avant de les servir, vous les mettez sur le gril, à un feu un peu chaud; il faut avoir soin, surtout, que vos côtelettes ne cuisent pas trop. Dressez-les avec un jus clair dessous.

Épaule de mouton au persil.

On couvre le dessus de l'épaule de persil, auquel on a laissé les queues et on la met à la broche; quand le persil est échauffé, on l'arrose avec du saindoux et l'on continue d'arroser jusqu'à ce que l'épaule soit cuite. On met ensuite dans un peu de jus des échalotes hachées, du sel et du poivre; pour servir, on dresse la sauce sous l'épaule et on laisse chauffer le tout pendant quelques minutes.

Épaule de mouton au four.

On larde l'épaule avec du petit lard ; on la met ensuite dans une terrine avec du poivre, du sel, des ognons coupés en tranches, un panais, une carotte coupée en zestes, une gousse d'ail, une feuille de laurier, des clous de girofle et du bouillon ; on fait cuire au four. Pour servir on passe la sauce au tamis en ayant soin de presser les légumes de manière à ce qu'ils fassent une purée claire dont on se sert pour lier la sauce que l'on dégraisse avant de poser l'épaule dessus pour la servir.

Épaule de mouton à la Sainte-Menehould.

On fait cuire l'épaule dans du bouillon, on y ajoute du poivre, du sel, du persil, de la ciboule, des échalotes, une gousse d'ail, du thym, du laurier, des ognons et des racines ; quand elle est cuite on la pane et on l'arrose avec le dégraissis de la cuisson ; on fait ensuite une sauce avec deux cuillerées de coulis dans lesquelles on délaye du beurre manié dans de la farine et des jaunes d'œufs ; on fait lier sur le feu, on verse cette sauce sur l'épaule et l'on fait prendre de la couleur sous un four de campagne ; on la sert ensuite, soit sur une sauce claire à l'échalote, soit sur du jus, du sel et du gros poivre.

Haricot de mouton.

Après avoir coupé une épaule de mouton en plusieurs morceaux, on le met dans un roux et on laisse cuire le tout pendant quelques minutes ; on ajoute ensuite du poivre, du sel, un bouquet garni, des échalotes, d s ognons, et des navets coupés par morceaux. Pour servir on dégraisse, on retire le bouquet et on sert après avoir mis les navets sur la viande.

Poitrine de mouton en carbonade.

On coupe la poitrine en morceaux, on fonce une casserole avec des bardes de lard et des tranches de

jambon ; on met dessus les carbonades que l'on cou
vre de lard, on ajoute des carottes, des ognons, du
thym, du laurier et du bouillon ; on laisse cuire doucement avec feu dessus, feu dessous ; pour servir, on
retire les carbonades, on les égoutte, on les glace et
on les sert, soit avec de la chicorée, de l'oseille, des
épinards ou avec une sauce quelconque.

Filet de mouton braisé.

Après avoir paré un filet, on le coupe par tranches
très minces, on les met dans une casserole, lit par lit,
avec du lard fondu, du persil, de la ciboule, des petits
ognons, des champignons. On y ajoute du sel et du gros
poivre ; on fait cuire à très petit feu : pour servir, on
ajoute un peu de jus clair et l'on dégraisse.

Poitrine à la Sainte-Menehould.

On fait cuire la poitrine entière et de la même manière
que les carbonades, excepté qu'on n'y met pas de jambon ; on la désosse, on met dessus du sel, du poivre,
on la trempe dans du beurre tiède et après l'avoir panée
on la met sur le gril à un feu très doux ; quand elle est
cuite on l'arrose avec du beurre fondu, on sème dessus
de la mie de pain, et on la met sous un four de campagne, très chaud ; quand elle est bien dorée on la sert sur
un jus clair.

Filet de mouton à la maréchale.

Après avoir coupé le filet en tranches larges que l'on
a soin d'aplatir, on met dessus une farce composée de
blancs de volaille cuite, graisse de bœuf blanchie, persil,
petits ognons, un peu d'ail, sel, poivre, et quelques
jaunes d'œufs ; quand les tranches sont garnies de cette
farce, on les roule dans des tranches de lard, ensuite
dans du papier et on les met à la broche ; quand elles
sont cuites, on les sert sur la sauce piquante.

Filet de mouton à la Destaing.

On le coupe en petits carrés que l'on aplatit avec un

couperet; on les garnit ensuite de farce faite de la même manière que celle que l'on emploie pour les filets à la maréchale; on leur donne ensuite la forme d'un petit pain; on les fait cuire à petit feu, et on les sert sur une sauce piquante.

Gigot de mouton braisé.

Après avoir désossé le gigot jusqu'à l'os de la cuisse, on le pique avec des lardons assaisonnés de poivre, sel, ail et quatre épices; on le ficelle; on le met ensuite dans une casserole foncée avec des bardes de lard, des carottes, des ognons, des clous de girofle, un bouquet garni : on y ajoute du poivre, du sel et un peu d'eau ; pour servir on retire la ficelle et on sert, soit avec des pommes de terre tournées, cuites avec le gigot, soit avec une sauce tomate, ou bien simplement sur un peu du mouillement dans lequel il a cuit, et que l'on a soin de passer à l'étamine.

Hachis de mouton.

On fait ordinairement ces hachis avec le reste d'un gigot rôti ou braisé; après avoir haché la viande, on fait frire dans une casserole des ognons avec du beurre; quand ils sont d'une belle couleur, on jette dessus un peu de farine, que l'on remue quelques instants sur le feu, on ajoute ensuite du poivre, du sel, et du bouillon; quand la sauce est réduite d'un peu plus de moitié, on y met le hachis, ensuite on remue le tout et on sert avant qu'il n'ait bouilli.

Selle de mouton braisée.

Après l'avoir dessosée, on l'assaisonne à l'intérieur de sel et de poivre, on la met ensuite dans une casserole foncée avec des bardes de lard ; on ajoute un bouquet garni de clous de girofle, des ognons, des carottes et du bouillon ; on recouvre le tout de bardes de lard, et on la fait cuire entre deux feux. Pour servir, on la déficelle, on la glace, et l'on met dessous des épinards, de la chicorée ou de la purée.

Selle de mouton panée à l'anglaise.

Après l'avoir fait cuire comme la selle de mouton braisée, on l'assaisonne de sel et de gros poivre ; ensuite on la roule alternativement dans des jaunes d'œufs mêlés à du beurre tiède et dans de la mie de pain ; quand elle est bien humectée, on la pose sur le gril, et on pose dessus un four de campagne bien chaud ; quand elle est d'une belle couleur on la sert avec du jus clair dessous.

Gigot de mouton rôti.

Après avoir dépouillé le gigot du parchemin qui le couvre, on perce deux trous près du manche dans lesquels on fourre deux gousses d'ail. On l'embroche, et on le fait rôtir à grand feu.

Carbonades de mouton à la jardinière.

Après avoir désossé une selle, on la coupe par morceaux, que l'on assaisonne de sel et de gros poivre ; on les ficelle et on les met dans une casserole foncée avec des bardes de lard, on y ajoute du thym, du laurier, des carottes, des ognons et du bouillon ; on recouvre le tout de bardes de lard et d'un papier beurré ; on laisse ensuite cuire à petit feu ; pour servir, on les égoutte, on les glace et, dans le milieu, on met des petites racines.

Queues de moutons braisées.

On fonce une casserole avec des bardes de lard, des tranches de mouton, des carottes, des ognons, du thym, du laurier et des clous de girofle ; on ajoute un peu de bouillon. On met ensuite les queues, et on les couvre de bardes de lard ; on laisse cuire pendant quatre heures ; pour servir, on les retire de la braise, on les égoutte, on les glace, et on verse dessus une espagnole réduite.

Queues de mouton panées, à l'anglaise.

Après les avoir fait cuire de la même manière que les queues braisées, on les égoutte, on les assaisonne de sel et de gros poivre, on les roule à plusieurs reprises dans de la mie de pain, puis dans du beurre tiède et des œufs battus ensemble ; quand elles sont bien panées, on les pose sur le gril, à très petit feu ; une demi-heure avant de servir, on pose dessus un four de campagne très chaud, ensuite on les dresse sur un jus clair.

Pieds de mouton à la poulette.

Nettoyez, faites bouillir huit heures avec ognons, bouquet, clous de girofle, sel et poivre. Désossez, mettez sur le feu avec du beurre manié de farine, mouillez de bouillon ; ajoutez petits ognons, champignons, sel, poivre ; liez la sauce avec jaunes d'œufs, filet de citron

Pieds de mouton à la ravigote.

On les fait cuire comme il est dit ci-dessus, mais on les met dans une casserole avec du beurre, du bouillon, du coulis, du sel, du poivre, et un bouquet garni ; on laisse bouillir jusqu'à ce que la sauce soit presque réduite. On y verse alors la ravigote en même temps que de la fourniture assortie, hachée menue et que l'on fait blanchir ; on laisse le tout quelques minutes sur le feu, et on sert quand la sauce commence à épaissir un peu.

Pieds de mouton farcis et frits.

Quand ils sont désossés, une heure de cuisson dans le bouillon, avec un peu de vinaigre, sel, épices, ail, laurier et beurre manié de farine. Retirez, garnissez de farce de mie de pain au lait ou de chair à saucisse et volaille, trempez dans des œufs battus, panez, faites frire.

Rognons de mouton à la brochette.

Enlevez la pellicule qui couvre les rognons, ouvrez-les en deux, et maintenez-les ouverts avec des brochettes; salez, poivrez, faites griller. Dressez sur du beurre mêlé de persil haché, et ajoutez un peu de jus de citron.

Rognons de mouton sautés au vin.

Voyez *Rognons de bœuf sautés au vin*. Les rognons de moutons se préparent de la même manière.

Eminé de mouton.

Coupez en petites tranches minces les restes d'un gigot rôti. Faites un roux, mouillez avec du bouillon; ajoutez des cornichons coupés et des échalotes hachés. Mettez les tranches de mouton dans cette sauce et servez.

Tête d'agneau au blanc.

On la nettoye, on la fait dégorger et blanchir; après l'avoir fait rafraîchir on la flambe, on la couvre d'une bande de lard et on la met cuire dans un blanc; après deux heures de cuisson on la retire et on l'égoutte.

Oreilles d'agneau farcies.

Après les avoir fait dégorger et blanchir, on les essuie, on les flambe; on les met cuire pendant une heure dans un blanc, ensuite on les égoutte, on les remplit d'une farce cuite, on les roule dans de la mie de pain et dans du beurre tiède battu avec des jaunes d'œufs, on les met ensuite dans la friture bien chaude; lorsqu'elles sont d'une belle couleur on les retire, on les égoutte et l'on sert après avoir recouvert les oreilles de persil frit.

Filets d'agneau en blanquette.

On les fait cuire à la broche et on les coupe par morceaux; on les met ensuite dans une sauce faite avec du beurre, des champignons coupés en filets, un bouquet garni et une pincée de farine; on mouille avec du bouillon, quand la sauce est réduite de plus de moitié on y met les filets; on lie la sauce sur le feu avec des jaunes d'œufs, et l'on sert avec un filet de vinaigre.

Pieds d'agneau au gratin.

Quand on les a nettoyés et préparés, on les met cuire dans une bonne braise avec des ognons blancs; on met ensuite dans un plat de la mie de pain, du fromage râpé, du beurre et des jaunes d'œufs; le tout mêlé ensemble; on met le plat sur de la cendre chaude jusqu'à ce que ce gratin s'y attache; on dresse dessus les pieds d'agneau, on les entre-mêle de petits ognons et on laisse cuire à très petit feu; ensuite on dégraisse et on sert sur un blanc de veau.

Épigramme d'agneau.

Prenez le quartier de devant de l'agneau, levez-en les épaules, coupez la poitrine de manière que les côtelettes ne soient pas endommagées; faites cuire cette poitrine; quand elle est cuite, vous la mettez entre deux couvercles, après l'avoir bien assaisonnée; laissez-la refroidir; ensuite vous la couperez en morceaux que vous tremperez dans du beurre tiède, et vous les roulerez dans la mie de pain; il est essentiel que vos morceaux soient un peu plus gros que vos côtelettes; posez-les sur une tourtière; panez vos tendons à l'anglaise, et faites-les frire; coupez vos côtelettes, et assaisonnez-les de sel et de poivre; mettez-les dans votre sautoir avec du beurre tiède par-dessus pour vous en servir. Vous prenez les épaules cuites à la broche, vous en enlevez les chairs que vous émincez pour faire une blanquette; quand votre blanquette sera marquée, vous la tiendrez chaude au bain-marie; au moment de servir, grillez, à petit feu, vos tendons de poitrine, sautez vos côtelettes, glacez-les; vous aurez soin de dresser en couronne vos tendons et vos côtelettes; un tendon, une côtelette alternativement; quand votre couronne sera formée, mettez votre blanquette au milieu.

Issues d'agneau à la bourgeoise.

On comprend, sous le nom d'issues, la tête, le foie, le cœur, le mou et les pieds.

Vous ôtez les mâchoires et le museau ; vous les faites dégorger dans de l'eau avec le reste de l'issue coupé par morceaux ; faites-les blanchir un moment, et cuisez-les à petit feu avec du bouillon, un peu de beurre, sel et poivre. Délayez trois jaunes d'œufs avec un peu de lait, et faites lier votre sauce sur le feu ; mettez-y après un filet de verjus ou de vinaigre ; dressez la tête dans le plat que vous devez servir, découvrez la cervelle, mettez le restant autour, et la sauce par-dessus.

CHAPITRE VI.

DU VEAU.

Tête de veau au naturel.

Après avoir échaudé une tête de veau on la fait dégorger ; ensuite on la met dans de l'eau bouillante ou on la laisse blanchir pendant une demi-heure environ ; au bout de ce temps, on la retire de l'eau bouillante et on la met dans l'eau froide pour la faire rafraîchir ; ensuite on enlève la mâchoire supérieure jusqu'à l'œil, on désosse le sommet de la tête, en ayant soin de rapprocher les chairs afin que la tête conserve sa forme ; cette opération terminée, on frotte la tête avec du jus de citron, et on l'enveloppe dans un linge qu'on lie avec de la ficelle.

Pour la cuisson, on délaye trois cuillerées de farine dans de l'eau, on y ajoute un bouquet garni, un morceau de beurre, une carotte, des ognons, du sel et du gros poivre ; on met la tête dans cette préparation et on la laisse cuire en ayant soin d'écumer de temps en temps, ensuite on retire la tête et on la sert pour être mangée en vinaigrette, ou avec une sauce quelconque.

Tête de veau à la poulette.

On fait d'abord revenir des fines herbes dans du beurre, on y ajoute ensuite de la farine, du sel, du poivre, des champignons et un peu de bouillon ; on laisse bouillir le tout pendant un quart d'heure ; vous y mettrez ensuite la tête de veau que vous avez d'abord fait cuire comme il est dit dans l'article précédent et que vous avez coupée par morceaux ; quelques instants avant de servir vous retirez votre ragoût du feu et vous liez votre sauce avec des jaunes d'œufs.

Tête de veau en tortue.

Faites revenir riz de veau, crêtes et rognons de coqs. Mouillez de bouillon, avec pincée de farine; ajoutez deux verres de vin de Madère, sel et piment. Faites réduire. Mettez alors votre tête de veau coupée en morceaux, des œufs pochés, des écrevisses, culs d'artichauts et truffes.

Oreilles de veau braisées.

Les oreilles de veau étant bien échaudées, blanchies et épluchées, faites la braise de cette façon : mettez dans une petite marmite de bon bouillon, un tiers de litre de vin blanc, la moitié d'un citron coupé en tranches; la peau ôtée, ou du verjus en grain, si vous êtes dans la saison, un bouquet garni, sel, poivre et quelques racines; faites cuire dans cette préparation les oreilles de veau, couvrez-les de bardes de lard; c'est ce qu'on appelle braise blanche; quand elles sont cuites à point, servez avec une sauce piquante. Cuites de la sorte, les oreilles de veau peuvent être servies avec plusieurs espèces de sauces, comme ravigote, tomate, tartare, etc. (Voyez le chapitre des *Sauces.*) On peut aussi les farcir avec de la farce cuite. (Voir au chapitre des *Garni-*

tures.) **Les tremper** dans des œufs battus, les paner et les faire frire.

Cervelles de veau à la poulette.

Faites dégorger et blanchir. Mettez ensemble beurre manié de farine, mouillé d'eau et de vin blanc. Ajoutez ognons blancs, bouquet garni, champignons. Dix minutes de cuisson. Alors vous mettez les cervelles dans cette sauce que vous liez avec jaunes d'œufs.

Cervelles de veau frites.

On les prépare comme les précédentes, on les marine par morceaux avec épices et vinaigre, on les tempe à la pâte et on fait frire.

Langues de veau.

Elles se préparent comme les langues de bœuf. (Voir au chapitre IV.)

Carré de veau à la bourgeoise.

Prenez du lard que vous couperez en lardons, que vous mêlerez avec du persil, ciboule, une petite pointe d'ail, deux petits ognons, le tout haché menu, une feuille de laurier, du thym haché comme en poudre, sel, gros poivre ; lardez avec le tout votre carré de veau ; après avoir coupé les os qui sont au bas du filet, mettez-le dans une marmite, avec une barde de lard dans le fond, quelques tranches d'ognons, zestes de carottes et de panais ; faites-le sur un petit feu ; ensuite vous le mouillerez avec un verre de bouillon, trois cuillerées à bouche d'eau-de-vie ; faites-le cuire à petit feu ; la cuisson faite et la sauce courte, dégraissez-la pour la servir sur le carré.

Carré de veau à la broche.

Parez, lardez fin, faites mariner pendant trois heures. Mettez à la broche dans un papier qui contiendra tout l'assaisonnement. La cuisson faite, enlevez le papier et mettez tout ce qu'il contient d'assaisonnement dans une casserole avec beurre, une pincée de farine, poivre, sel, filet de vinaigre; faites lier et servez le carré dessus.

Quasi de veau.

Il se prépare de la même manière que le carré de veau.

Noix de veau à la bourgeoise.

Après avoir paré une noix de veau, vous la mettez dans un linge blanc; vous la battez avec un couperet; vous la piquez avec de gros lard assaisonné de sel fin, de poivre, de quatre épices, de persil, de ciboules hachés très fins, ainsi que de thym et de laurier; ayez soin de conserver votre noix avec sa tétine. Beurrez le fond de votre casserole, mettez-y la noix de veau, autour de laquelle vous coupez quatre carottes, quatre ognons, de laurier et deux verres de bouillon; couvrez votre noix d'un rond de papier beurré. Après que la noix aura bouilli, mettez-la sur un feu doux, pendant une heure et demie ou deux heures; mettez un peu de feu sur le couvercle de votre casserole; au moment de servir égouttez la noix, mettez dessous le fond, que vous ferez réduire à moitié, ainsi que les légumes qui ont cuit avec la noix; vous pourrez servir avec cette noix, ou une sauce tomate, de la chicorée, une purée d'oseille, des laitues, une purée de champignons, etc., etc.

Noix de veau en caisse.

Coupez de la rouelle de veau de l'épaisseur d'un bon pouce, comme pour les fricandeaux; faites une caisse de papier blanc, beurrez-la partout en dehors; mettez votre veau dedans avec de l'huile ou du beurre, persil, ciboule, échalotes, champignons, le tout haché très menu, sel, gros poivre; mettez votre caisse sur le gril, avec une feuille de papier beurrée dessous, et faites cuire sur un feu doux ou une cendre chaude. de crainte que le papier ne brûle; lorsque la viande est cuite d'un côté, vous la retournez de l'autre. Servez avec la caisse.

Ris de veau aux fines herbes.

Hachez très fin un peu de petits ognons, persil, une petite pointe d'ail, deux échalotes; maniez le tout avec gros comme la moitié d'un œuf de bon beurre, sel fin, gros poivre; faites blanchir trois ou quatre ris de veau, piquez-les dans plusieurs endroits par-dessus, pour y faire entrer le beurre avec toutes les fines herbes; mettez les ris dans une casserole avec quelques bardes de lard par-dessus, un demi-verre de vin blanc, autant de bon bouillon, faites-les cuire à petit feu, qu'ils ne fassent que mijoter; quand ils seront cuits, dégraissez la sauce qui doit être courte; servez dessus les ris de veau; si vous avez une cuillerée de coulis, vous la mettrez dans la sauce, elle n'en sera que meilleure.

Ris de veau en caisse.

Les ris parés et piqués, coupez par morceaux, faites cuire avec champignons et fines herbes hachés menu. Retirez. Disposez dans des caisses de papier fort huilées et garnies de mie de pain. Saupoudrez le tout de mie de pain et mettez sur le gril.

Fraise de veau en vinaigrette.

Lavez bien, faites cuire à gros bouillons avec épices, vin blanc, ail, lard gras, bouquet. Servez avec l'huilier.

Fraise de veau frite.

Cuisez comme pour la vinaigrette, faites frire et servez comme les cervelles.

Épaule de veau rôtie.

On embroche l'épaule de veau sous le manche en faisant passer la broche dans la palette. Faites rôtir à un feu modéré; il faut au moins deux heures et demie de cuisson.

Épaule de veau à la bourgeoise.

Mettez l'épaule de veau dans une terrine avec un demi-septier d'eau, deux cuillerées de vinaigre, sel, gros poivre, persil, ciboule, deux gousses d'ail, une feuille de laurier, deux ou trois ognons coupés en tranches, deux clous de girofle et un morceau de bon beurre. Couvrez la terrine avec un couvercle, et bouchez les bords avec de la farine délayée avec un peu d'eau; mettez-la cuire au four pendant trois heures. Dégraissez et servez.

Côtelettes de veau.

Les côtelettes de veau se préparent comme celles de mouton; mais elles demandent une cuisson plus lente et plus complète.

Côtelettes de veau en papillotes.

Parez, garnissez d'une farce, fines herbes, épices, champignons hachés, petit lard. Enveloppez de papier huilé, et grillez à feu doux.

Fricandeau.

Piquez très fin la noix de veau. Faites cuire doucement avec jarret, lard gras, beurre, carottes, ognons, bouquet et épices. Laissez réduire et servez dans son jus ou garni de légumes.

Poitrine de veau aux petits pois.

Coupez par morceaux, faites revenir au beurre; ajoutez un peu de bouillon, sel, poivre, bouquet de persil. Au bout d'une heure ajoutez vos pois.

Poitrine de veau farcie.

Après avoir coupé le bout des os des côtes qui se trouvent dans la poitrine, vous faites une incision entre cette peau et les côtes; alors vous mettez entre cette peau et les côtes, une farce cuite; cousez la peau, afin que la farce ne puisse s'écouler ; servez-la avec telle sauce ou ragoût de légumes que vous voudrez, comme aux laitues, aux petits pois, aux cornichons, aux racines, etc., etc.

Filets de veau.

Les filets de veau se traitent comme les filets de mouton, avec cette différence qu'il faut les faire cuire pendant un plus long temps.

Filets de veau à la provençale.

Coupez bien mince des filets de veau rôti et froid, et faites-les réchauffer dans beurre, chapelure, fines herbes hachées, épices et huile, avec jus de citron et ail.

Foie de veau à la bourgeoise.

Lardez un foie de veau, faites-le cuire dans moitié bouillon, moitié vin blanc, avec des morceaux de lard, des ognons coupés par tranches, bouquet garni, sel et poivre. Quatre heures de cuisson. Dégraissez et servez.

Foie de veau à la broche.

Piquez, marinez dans huile, épices et fines herbes. Embrochez dans du papier et servez sur le résidu de la lèchefrite avec échalotes et fines herbes hachées.

Foie de veau sauté.

Mettez votre foie coupé par tranches dans le beurre avec poivre et sel; faites cuire à feu vif, ayant soin de retourner souvent; étant cuit, dressez, laissant sur le feu la sauce à laquelle vous ajouterez un peu de vin. Tout étant bien mélangé, versez sur votre foie et servez.

Pieds de veau au naturel.

Les pieds de veau étant bien échaudés faites-les

cuire comme la tête de veau au naturel; et servez-les avec l'huilier.

Pieds de veau à la Sainte-Menehould.

Les pieds de veau étant cuits comme il a été dit à l'article précédent, panez-les avec de la mie de pain mêlée d'un peu de sel et poivre; faites-les griller et les servez de belle couleur.

Pieds de veau frits.

Les pieds de veau étant cuits comme il est dit ci-dessus, on les fait mariner avec un morceau de beurre manié de farine, sel, poivre, vinaigre, ail, échalote, deux petits ognons, persil, ciboule, thym, laurier; quand ils ont pris un bon goût, on les retire de la marinade; farinez-les et faites-les frire; servez garnis de persil frit.

Pieds de veau à la poulette.

Voyez *Pieds de mouton.* Les pieds de veau se préparent de la même manière.

Queues de veau.

Voyez *Queues de bœuf.* Les queues de veau se préparent de la même manière.

CHAPITRE VII.

DU COCHON.

Boudin.

Hachez des ognons, faites-les cuire avec de la panne. Lorsque le tout est bien fondu, ajoutez-y de nouvelle panne coupée en dés, du sang de porc, de la crème, sel, épices, et mêlez bien le tout. Mettez cette préparation dans des boyaux bien nettoyés, liés par un bout et que vous lierez par l'autre bout à mesure qu'ils seront bien pleins. Faites cuire ce boudin à l'eau. Il suffit qu'il bouille pendant quelques minutes. Retirez-le, laissez-le refroidir et faites-le griller en ayant soin de le ciseler, pour qu'il ne crève pas.

Les boudins de sanglier et de sang de volaille et de gibier se font de la même manière.

Boudin blanc.

Après avoir fait bouillir du lait, jetez dedans une poignée de mie de pain; laissez tremper, passez le lait à la passoire, remettez le pain sur le feu avec un peu de lait, et tournez constamment avec une cuillère de bois, jusqu'à ce que le pain ait absorbé le lait. Laissez refroidir; coupez des ognons en petits dés; faites-les revenir dans du beurre. Lorsque ces ognons seront bien colorés, vous y ajouterez de la panne hachée, de la mie de pain, des jaunes d'œufs, de la crème. Retirez la casserole du feu; mêlez bien toute cette préparation en y jetant sel, poivre, muscade râpée. Opérez, pour le reste, comme il est dit à l'article précédent.

Jambon.

Mettez une cuisse de cochon dans une saumure composée de sel, thym, laurier, basilic, marjolaine, sarriette, genièvre, le tout mouillé avec moitié eau et moitié gros vin. Après avoir laissé le jambon infuser pendant quinze jours, on le fait égoutter et on le place dans la cheminée de manière à ce qu'il puisse se fumer. Ainsi préparés, les jambons peuvent se garder longtemps; mais leur conservation sera plus assurée encore si l'on a soin de les frotter de temps en temps avec du gros vin et de les saupoudrer de cendres. Pour les faire cuire, on les fait dessaler dans de l'eau pendant trois ou quatre jours, et après les avoir enveloppés d'un tor-

chon, on les met dans une marmite avec une égale
quantité d'eau et de vin blanc des racines des ognons,
un gros bouquet garni. Il faut les faire cuire à petit feu
pendant cinq ou six heures et les laisser refroidir dans la
cuisson; ensuite on enlève doucement la couenne, sans
ôter de la graisse, que l'on assaisonne avec du persil
haché, du poivre et de la chapelure sur laquelle on
passe la pelle rouge.

Quand les jambons sont nouveaux et petits on peut
les faire cuire à la broche et les servir chauds ou froids;
il faut les faire dessaler plus longtemps pour mettre à la
broche que pour les cuire bouillis.

Petit salé de cochon.

Coupez par morceaux un filet de cochon, frottez-en
les morceaux avec du sel pilé, et arrangez-les dans un
vase que vous boucherez ensuite avec soin. Au bout
de huit jours ce petit salé est suffisamment fait; mais
on peut le garder beaucoup plus longtemps, pourvu
qu'on l'ait bien garni de sel. Le petit salé ainsi préparé
peut entrer dans toutes sortes de ragoûts; le plus communément on le fait cuire dans la marmite et on le
sert sur des choux ou sur une purée quelconque.

Andouilles.

Les boyaux d'un cochon étant bien lavés et nettoyés, on
les fait dégorger pendant douze heures; après quoi, on
les égoutte, on les essuie bien, et on les met dans une
terrine; ensuite on les assaisonne de sel, de poivre,
d'aromates pilés, et de quatre épices; on les laisse
dans cet assaisonnement pendant deux heures; cela
fait, on les met dans les boyaux qu'on lie par le bout,
et on les place au fond du saloir.

Les andouilles ainsi préparées se font cuire avec du
bouillon, des racines, un bouquet garni; on les laisse
refroidir et on les fait griller.

Saucissons.

Il est rare que l'on fasse le saucisson dans une cuiaine ordinaire. Les saucissons les plus estimés sont ceux d'Arles, de Lyon; on les trouve chez tous les marchands de comestibles. C'est là une industrie à part. Cependant nous donnerons ici la recette facile d'un saucisson que l'on pourrait appeler *saucisson bourgeois*, et que l'on fait avec succès chez les meilleurs fermiers du Poitou de la Touraine et de la Normandie. La voici :

Faites cuire à moitié de la chair de porc ni trop maigre ni trop grasse; hachez cette chair très menu. D'autre part faites cuire à la vapeur des pommes de terre bien farineuses; épluchez-les, pilez-les dans un mortier. Jetez dans ce mortier la chair hachée; pilez le tout de manière à ce qu'il soit bien mêlé; ajoutez du sel, du gros poivre, de la muscade. Le tout étant bien mêlé, on fait entrer cette préparation dans des boyaux de bœuf bien nettoyés. Ces boyaux, étant bien et également pleins, on les étrangle de distance en distance avec de la ficelle; puis on les suspend à l'air libre ou bien dans la cheminée afin qu'ils se fument. Plus tard, et au fur et à mesure des besoins, on fait cuire ces saucissons en les ajoutant au pot-au-feu, ou bien dans du bouillon fortement aromatisé. On peut aussi les faire griller, après en avoir piqué leur enveloppe avec les dents d'une fourchette, afin qu'ils ne crèvent pas en cuisant.

Langue de cochon fourrée.

Faites blanchir à grand feu une langue de cochon; enlevez la peau qui la couvre, mettez cette langue dans un vase avec force sel et farine, herbes, de manière à ce qu'elle en soit bien entourée et couverte. Après l'avoir ainsi laissé mariner pendant trois ou quatre jours, on met cette langue dans un boyau de bœuf, de manière à ce qu'il soit bien plein; on en lie les extrémités, puis on suspend cette langue dans une cheminée de manière à ce que la fumée puisse l'atteindre fortement, et on l'y laisse pendant un ou deux mois, et même plus longtemps. On la fait cuire ensuite dans de bon bouillon et on la sert après l'avoir laissé refroidir.

Saucisses.

On hache du lard et de la chair de porc, on y ajoute du persil, de la ciboule, des épices, du sel et du poivre. Cette préparation étant bien mêlée, se met dans des boyaux ou de la crépine pour donner plus de goût aux saucisses ; on peut, avant de l'employer, mêler la chair, avec un peu de bon vin. Les saucisses se servent grillées ou braisées.

Hure de cochon.

On farcit de débris de chair de porc frais une tête de cochon que l'on désosse avec soin, on l'assaisonne d'aromates pilés, quatre épices, poivre, sel, ognons et ciboule hachés ; on met le tout dans un vase et l'y laisse huit ou dix jours. Alors on retire la hure du vase, on l'égoutte, on coud avec soin l'ouverture par où elle a été désossée, et on la ficelle de manière à ce qu'elle ne se déforme pas en cuisant ; on l'enveloppe dans un linge blanc ficelé par les deux bouts ; ensuite on la met dans une braisière avec les os de la hure, des couennes, des carottes, des ognons, sept ou huit feuilles de laurier, autant de branches de thym, du basilic, un gros bouquet de persil et ciboule, des clous de girofle, une forte poignée de sel, et quelques débris de cochon, ou d'autre viande, le tout mouillé avec du bouillon. Apres dix heures de cuisson à petit feu, on retire la hure ; on la pressure pour en faire sortir le liquide qui y serait resté ; mais de manière à lui conserver toujours sa forme. Parez et servez froid.

Oreilles de cochon.

Les oreilles de cochon se font cuire dans un assaisonnement pareil à celui de la hure ; quand elles sont froides, on les coupe en petits filets que l'on dépose dans une casserole ; on coupe ensuite des ognons et on les passe dans un morceau de beurre ; quand ils sont bien blonds, il faut les saupoudrer de farine ; ajoutez du vinaigre, du bouillon, du sel et du gros poivre, laissez bouillir le tout quelques minutes, joignez-y l'émincé d'oreilles de cochon et faites sauter le tout ensemble.

Côtelettes de cochon.

On pane les côtelettes en ayant soin d'y laisser un peu de gras et on les fait griller, ensuite on les sert avec une sauce Robert ou une sauce aux cornichons.

Côtelettes de porc frais en ragoût.

Les côtelettes étant braisées, c'est-à-dire cuites dans du bouillon avec bouquet garni, ognons et carottes, on les fait égoutter pour les faire revenir dans du beurre, avec riz de veau coupé en dés, champignons, foies de volaille. On ajoute ensuite un peu de farine, du sel, du poivre, un bouquet de persil, de la ciboule, une gousse d'ail, des clous de girofle. on laisse réduire la sauce et on la sert sur les côtelettes.

Pieds cochon à la Sainte-Menehould.

Après avoir entortillé les pieds de cochon avec du ruban de fil large, afin qu'ils ne puissent pas se défaire en cuisant; on les met dans une casserole avec du thym, du laurier, des carottes, des ognons, des clous de girofle, du persil, des ciboules, un peu de saumure, du vin blanc, après les avoir fait cuire pendant vingt-quatre heures, il faut les laisser refroidir dans leur cuisson; les paner ensuite en les trempant successivement dans du beurre fondu et dans de la mie de pain mêlée de sel et poivre; les faire griller à petit feu, et les servir quand ils ont pris couleur.

Rognons de cochon sautés au vin.

Voyez *Rognons de bœuf.* Les rognons de cochon se préparent de la même manière.

Filet mignon de cochon.

On donne au filet mignon une forme ronde et après l'avoir piqué, on le met dans une casserole foncée avec des tranches de veau , des carottes, des ognons, des clous de girofle, du laurier, un bouquet de persil, et de la ciboule. Il faut recouvrir le tout d'un papier beurré, y ajouter du bouillon et faire cuire avec feu en dessus et en dessous. Pour servir on les égoutte et on met dessous de la chicorée, des concombres, une purée quelconque ou une sauce piquante.

Grosse pièce.

On nomme grosse pièce le quartier de cochon qui va jusqu'à la première côte, près le rognon. Après l'avoir coupée en carré, couvert de sa couenne, que l'on ciselle; on passe de petits attelets dans le flanc, et on le fait joindre jusqu'au filet pour lui conserver sa forme; on le met à la broche et on l'y laisse quatre heures.

Échine de cochon.

Il faut avoir soin, en coupant un morceau en carré, de laisser l'épaisseur d'un doigt de graisse; on le met ensuite à la broche; deux heures suffisent pour le cuire; on le sert pour rôt ou pour entrée avec une sauce piquante.

Queues de cochon à la purée.

Les queues étant bien nettoyées et flambées, on les fait cuire dans du bouillon avec un bouquet garni, ognons, carottes bien cuites et égouttés; on les dresse sur une purée quelconque.

Fromage de cochon.

Une tête de mouton étant bien désossée, il faut en couper la chair et le lard par filets très minces, sans entamer la couenne, puis assaisonner le tout avec du sel, du poivre, du thym, du laurier, du basilic, des clous de girofle, de la coriandre, la moitié d'une muscade, des échalotes, deux gousses d'ail, le tout bien haché. On ajoute une poignée de persil en feuilles entières; et après avoir mis la peau de la hure dans une casserole ronde, on arrange les filets dessus, puis des tranches de jambon, du vinaigre et du persil; il faut continuer ainsi jusqu'à ce que la peau soit pleine, puis coudre la couenne, la plisser en bourse, et l'envelopper dans un torchon blanc que l'on attache bien avec de la ficelle. Le tout ainsi préparé se met dans une marmite avec du vin blanc, des racines, un bouquet garni, de l'ail, du poivre et du sel, et doit cuire pendant six ou sept heures. Lorsque le fromage est cuit on le met dans un vase qu'il puisse remplir exactement; on le couvre et on pose sur le couvercle un poid très lourd. Il faut le servir froid.

Cochon de lait rôti.

Mettez un cochon de lait dans de l'eau chaude, et le frottez jusqu'à ce qu'il ne reste plus de soies; faites-le dégorger pendant vingt-quatre heures, et faites égoutter.

Ainsi préparé, on lui farcit le ventre d'un gros morceau de beurre manié de fines herbes et accompagné de ciboules, ognons piqués de clous de girofle; on l'embroche ensuite, on l'arrose sans cesse d'huile vierge, pour lui faire prendre une belle couleur, et on sert.

Cochon de lait farci.

Après l'avoir préparé comme le précédent, on le farcit avec son foie haché, du lard blanchi, truffes, champignons, rocamboles, câpres fines, anchois de Nice, fines herbes assaisonnées de poivre de la Jamaïque et de sel marin, le tout passé à la casserole : le ventre ainsi rempli, on le ficelle, et on le met à la broche. Il est bon de l'arroser fréquemment avec de l'huile fine pour lui faire prendre couleur. Servir en même temps, et à part, une sauce à l'orange.

CHAPITRE VIII.

—

DU GIBIER.

Halte de chasse.

Rien n'est plus agréable, plus charmant, qu'une halte de chasse; là, surtout, le gibier est délicieux; car, en dépit de l'opinion de certains Nemrod de la vieille roche, le chasseur doit manger du gibier; et son repas doit être le but et l'excuse de sa passion favorite. Là, donc, un lièvre sort de la carnassière, et les accessoires qu'on trouve à la campagne se rangent autour de lui. De ce fièvre coupé en deux, le devant vous offrira d'abord un potage fortifiant et parfumé ; passant ensuite de la marmite à la casserole, il apparaîtra sous la forme d'un savoureux civet ; tandis que le râble piqué de part en part tournera majestueusement à la broche. Une omelette au sang complétera le service, et, quelle que soit la finesse de votre palais, le vin du crû vous semblera du nectar. Une pièce de gibier peut ainsi faire les frais de la table ; à plus forte raison dine-t-on bien quand on a fait voler quelques plumes : la perdrix et la bécasse fourniront un salmis qui ne peut jamais être de trop.

« Il est des jours, dit le savant auteur de la *Physiologie du goût*, où nos femmes, nos sœurs, nos cousines, leurs amies, ont été invitées à venir prendre part à nos amusements.

« A l'heure promise, on voit arriver des voitures légères et des chevaux fringants, chargés de belles, de plumes et des fleurs. La toilette de ces dames a quelque chose de militaire et de coquet ; et l'œil du professeur peut, de temps à autre, saisir des échappées de vue que le hasard seul n'a pas ménagées.

« Bientôt le flanc des calèches s'entr'ouvre et laisse apercevoir les trésors du Périgord, les merveilles de Strasbourg, les friandises d'Achard, et tout ce qu'il y a de transportable dans les laborataires les plus savants.

« On n'a point oublié le champagne fougueux qui s'agite sous la main de la beauté ; on s'assied sur la verdure, on mange, les bouchons volent ; on cause, on plaisante en toute liberté ; car on a l'univers pour salon et le soleil pour luminaire. D'ailleurs l'appétit, cette émanation du ciel, donne à ce repas une vivacité inconnue dans les enclos, quelque bien décorés qu'ils soient. »

« Cependant, comme il faut que tout finisse, le doyen donne le signal ; on se lève, les hommes s'arment de leurs fusils, les dames de leurs chapeaux. On se dit adieu, les voitures s'avancent, et les beautés s'envolent pour ne plus se montrer qu'à la chute du jour.

« Eh ! pourquoi, quand on se sépare, n'échangerait-on pas quelques baisers avec le roi de la chasse parce qu'il est dans sa gloire; avec le culot parce qu'il est malheureux; avec les autres pour ne pas faire de jaloux? Il y a départ, l'usage l'autorise : il est permis et même enjoint d'en profiter. »

Donc le gibier est une excellente chose; aussi avons nous traité cette partie avec un soin tout particulier.

Cuisse de sanglier.

Nettoyez une cuisse de sanglier, désossez-la jusqu'à la jointure du manche, piquez-la de gros lardons assaisonnés de sel, poivre, quatre épices, aromates pilés; mettez-la ensuite mariner avec du sel, du poivre en grain, du genièvre, du thym, du laurier, du basilic, des ognons coupés en tranches, du persil, du salpêtre; laissez-la dans cette préparation pendant une quinzaine de jours; ensuite retirez les aromates qui sont dans l'intérieur de la cuisse, enveloppez-la dans un linge blanc, et faites-la cuire dans une braisière avec du vin blanc, un peu d'eau des carottes, des ognons, des clous de girofle, un bouquet garni; laissez-la mijoter pendant six ou sept heures; retirez-la de sa cuisson, laissez-la dans sa couenne; glacez avant de servir.

Côtelettes de sanglier sautées.

Parez des côtelettes de sanglier de la même manière que les côtelettes de mouton; mettez-les dans le sautoir, versez du beurre tiède dessus, assaisonnez-les de sel et de poivre et faites-les cuire sur un feu doux. Ayez soin de les retourner souvent. Servez sur une sauce Robert.

Filet de sanglier.

Mettez dans une casserole une épaisse couche de beurre manié avec du persil, de la ciboule, une gousse d'ail, du thym, du laurier, du basilic, le tout haché très fin; ajoutez du sel et des épices; mettez-y ensuite les filets coupés en tranches; mouillez avec du bouillon, retirez-les du feu aux trois quarts cuits, vingt-quatre heures après faites-les achever de cuire, et servez sur une sauce piquante.

Gigot de chevreuil.

Faites-le mariner dans de l'huile, du sel et du poivre. Faites-le rôtir à un feu ardent; arrosez-le, à mesure qu'il cuit, avec le reste de sa marinade; dressez-le sur une sauce piquante, mêlée au jus de sa cuisson.

Civet de chevreuil.

Coupez par morceaux de la poitrine ou de l'épaule de chevreuil; mettez-les cuire dans un roux auquel vous ajouterez du sel et du poivre, du thym, un peu de laurier, des échalotes, le tout haché; mouillez avec du vin rouge. Dégraissez la sauce avant de servir.

Quartier de chevreuil.

Parez et piquez un filet et un cuissot de chevreuil; mettez-les dans une terrine avec du vinaigre, du sel, du poivre, trois ou quatre feuilles de laurier, cinq ou six clous de girofle, du persil, de la ciboule, des ognons coupés en tranches; laissez-les mariner deux jours, ensuite mettez-les à la broche. Il faut une heure et demie pour les cuire. Servez-les sur une sauce piquante.

Filets de chevreuil braisés.

Levez des filets de chevreuil, et faites-les mariner dans de l'huile avec sel et poivre, pendant plusieurs jours; faites-les cuire dans une casserole foncée de bandes de lard, avec ognons, carottes, thym, laurier, clous de girofle, sel, poivre, le tout mouillé de moitié bouillon et moitié vin blanc et recouvert d'un papier beurré. Cette préparation doit cuire doucement pendant deux heures avec feu dessous et feu dessus. Les filets étant cuits, on les fait égoutter, on les glace, et on les dresse sur une sauce piquante ou sur une garniture quelconque.

Lièvre en civet.

Coupez le lièvre par membres; faite-les revenir dans une casserole ; ensuite ajoutez un bouquet garni, du sel, du poivre, une pincée de farine ; mouillez avec du bouillon et du vin blanc. Pour servir, **on lie la** sauce avec le sang du lièvre.

Pâté de lièvre à la bourgeoise.

On coupe le lièvre par membres et on met le sang à part, on larde les différents morceaux avec de gros lardons roulés dans du sel, poivre, persil, ciboule, ail; le tout haché. Le lièvre ainsi préparé se met dans une marmite avec de l'eau-de-vie et du beurre. Il faut le laisser cuire à petit feu. Lorsqu'il ne reste presque plus de sauce, en ajoute le sang que l'on a mis à part, en ayant soin de ne plus laisser bouillir ; on dresse le lièvre de manière à ce qu'il paraisse ne faire qu'un seul morceau, et on le sert froid.

Lièvre en haricot.

On le coupe par morceaux : on le met dans une casserole avec du beurre, un bouquet garni, des clous de girofle, deux échalotes, une gousse d'ail, le tout mouillé avec du vin blanc et du bouillon; on laisse cuire une heure, puis on assaisonne de sel, gros poivre, et l'on met cuire avec le lièvre des navets blanchis à l'eau bouillante; on laisse cuire jusqu'a ce qu'il ne reste plus de sauce.

Filets de lièvre en civet.

Ce mets se fait ordinairement avec les débris d'un lièvre rôti. On taille les chairs qui en restent en filets, et on les dresse sur un plat à sauter. D'autre part, on casse les os, et on les fait bouillir dans une casserole, après les avoir fait revenir et saupoudrés de farine, avec vin rouge, bouillon, ognons, carottes, thym, laurier, poivre et sel. Après une heure de cuisson il faut passer cette préparation au tamis, la faire réduire, la la verser sur les filets, faire chauffer à petit feu, et servir.

Filet de lièvre piqué.

Après avoir détaché le filet, de manière à ce que la peau nerveuse reste, piquez-le de lard fin; mettez-le dans une casserole foncée avec des tranches de veau, des carottes, du thym, du laurier; mouillez avec du bouillon, et couvrez le tout d'un papier beurré. Faites cuire doucement, feu dessus, feu dessous; après trois heures de cuisson égouttez, glacez les filets, dressez-les sur une purée de champignons.

Lapin au coulis de lentilles.

Coupez un lapin par membres, faites-le cuire dans une casserole, avec du lard, un bouquet garni, du sel et du poivre; retirez ensuite le lapin et le lard de leur cuisson, de laquelle vous vous servirez pour assaisonner une purée de lentilles dont on fait ainsi un coulis... Pour servir, dressez le lapin et le petit lard sur le coulis, et faites chauffer doucement.

Lapin à la merveille.

Coupez un lapin par membres, mettez-le dans une casserole avec du beurre, un bouquet garni, des champignons, des petits ognons, du persil haché, du poivre, du sel; mouillez avec du bouillon. Pour servir, retirez seulement le bouquet de persil.

Lapin en papillote.

Après avoir coupé un lapereau par membres, on le fait mariner avec du sel, du gros poivre, de l'huile fine, du persil, de l'ail, de la ciboule, des champignons, le tout bien haché; ensuite on enveloppe chaque mor-

ceau bien garni de son assaisonnement et recouvert
d'une bande de lard, dans du papier beurré; on fait
cuire sur le gril à très petit feu, et l'on sert avec le
papier.

Lapereaux au gîte.

On garnit les lapereaux d'une farce faite avec leurs
foies, du persil, de la ciboule, des champignons, le tout
haché menu, du sel et du poivre; on trousse les pattes
de derrière sur le ventre, et celles de devant sous le
nez. Les lapereaux ainsi maintenus à l'aide de brochettes, on les fait cuire avec du vin blanc, du bouillon,
du sel, du poivre et un bouquet de persil. Pour servir,
on passe la sauce au tamis, on la dégraisse, on la fait
réduire en y ajoutant un peu de coulis et l'on dresse
les lapereaux dessus.

Lapin en gibelotte.

Le lapin étant coupé par morceaux, on le fait revenir dans du beurre, puis on le met dans un roux que
l'on mouille avec moitié vin blanc, moitié bouillon, en
y ajoutant un bouquet garni, des champignons, et du
petit lard que l'on a fait revenir à part. On fait cuire à
grand feu; lorsque la sauce est réduite à peu près de
moitié, on y met du poivre et du sel. Pour servir, on
dégraisse le ragoût et l'on ôte le bouquet garni.

Lapereau sauté à la minute.

On coupe un lapin en morceaux que l'on essuie afin
qu'il n'y reste pas de sang; on le fait revenir avec du
beurre, des aromates pilés, du sel, du gros poivre, de
la muscade râpée; ensuite on ajoute du persil et des
échalotes hachés très fin; on laisse le tout quelques
minutes sur le feu et l'on sert.

Lapereau sauté au vin.

Le lapereau étant cuit comme il est dit à l'article précédent, on y ajoute un peu de farine et un verre de vin

blanc. Il faut ensuite remettre la casserole sur le feu, et en remuer le contenu jusqu'à ce que la sauce se lie sans bouillir. Il est indispensable de servir sur-le-champ.

Lapereaux en attelets.

On coupe les lapereaux par membres; on les fait cuire avec du vin blanc, du bouillon, du sel et du gros poivre; lorsqu'ils sont cuits, on fait réduire la sauce; ensuite on embroche les membres avec des brochettes; on les pane une première fois en les trempant d'abord dans de l'œuf battu et les roulant ensuite dans de la mie de pain; pour les paner une seconde fois il faut les tremper dans du beurre fondu; puis on les fait griller, et l'on sert à sec avec les brochettes.

Lapereau en tortue.

Après avoir vidé un lapereau en ayant soin de lui laisser le foie en en ôtant le fiel, on le désosse seulement dans le milieu du râble, dont on fend la peau de manière à ce que la moitié du devant du lapereau y passe; il prend ainsi la figure d'une tortue. Ficelez le lapereau ainsi préparé et faites-le cuire avec du vin blanc, du bouillon, un bouquet garni, du sel et du poivre. La cuisson faite, passez la sauce au tamis; dégraissez-la, ajoutez un peu de coulis pour la faire lier; laissez-la réduire et dressez le lapereau dessus.

Lapereaux en bigarrure.

Après avoir vidé les lapereaux, on fait une farce avec les foies, du lard râpé, du beurre, du persil, de la ciboule, de la sarriette hachés, du poivre et du sel. Faites lier cette farce avec jaunes d'œufs, et garnissez-en le corps des lapereaux, qu'il faut coudre ensuite pour que la farce n'en sorte pas. En cet état, faites-les revenir sur de la braise; ensuite recouvrez-les de tranches de mie de pain et de tranches de petit lard coupés de la même longueur qu'eux, puis enveloppez-les de papier beurré, et faites-les cuire à la broche, à très petit feu. Pour servir, on ajoute, au jus de leur cuisson, ut filet de verjus, et on dresse les lapereaux dessus.

Cuisses de lapin à la purée de lentilles.

On désosse les cuisses jusqu'au joint de l'avant-cuisse on les larde avec des lardons assaisonnés de sel et de poivre, et on les fait cuire dans une casserole foncée avec les bardes de lard, des tranches de veau, des carottes, des ognons, une feuille de laurier, du thym e du bouillon, le tout couvert de papier beurré. Cett préparation doit cuire doucement pendant deux heures Pour servir, on retire les cuisses de leur cuisson, or les égoutte et on les dresse sur une purée de lentilles.

Sauce de lapereaux à la reine.

Après avoir coupé par morceaux d'une égale longueur, des filets de lapereaux, on les pose sur le plat à sauter ; on y ajoute du poivre et du sel, du persil et de la ciboule hachés. Le tout, arrosé de beurre tiède doit être soumis à un feu ardent, et les filets doivent être retournés plusieurs fois. Lorsqu'ils sont cuits, on les met dans un velouté à l'essence de gibier, on y ajoute un peu de beurre, on remue le tout ensemble et l'on sert sur le plat à sauter, avec une garniture de croûtons.

Quenelles de lapin.

Pilez dans un mortier des filets et des cuisses de lapin ; ajoutez-y, sans cesser de piler, de la mie de pain détrempée dans du lait bouillant ; ajoutez en outre, toujours en pilant, une quantité de beurre égale à la quantité de viande, sel, poivre, muscade, aromates pilés, jaunes d'œufs, blancs d'œufs battus en neige. Remuez le tout avec une cuillère de bois, et retirez du mortier cette préparation dont vous ferez des quenelles longues de deux pouces et trois fois grosses comme un tuyau de plume d'oie. Ces quenelles peuvent être employées dans une foule de ragoûts.

Pain de lapin à la Saint-Versin.

On beurre un moule, on l'emplit de farces à quenelles;
on le met au bain-marie. Lorsque la farce est cuite, on
la renverse sur un plat, on emplit le vide fait dans la
farce avec des cervelles, des filets et des rognons de
lapins sautés; on verse ensuite sur ces garnitures une
sauce faite avec moitié espagnole travaillée et moitié
fumet de gibier. Au moment de servir, ajoutez un peu
de vin de champagne.

Kari de lapereau.

On coupe des lapereaux par morceaux, on les met
dans une casserole avec du beurre, du lard coupé en
morceaux carrés, et que l'on a fait revenir à part dans
du beurre, du safran, du piment pilé, du sel, laurier,
clous de girofle. Le tout étant saupoudré de farine et
mouillé avec du bouillon, on fait cuire à grand feu
pendant une demi-heure; puis on ajoute des culs d'artichauts et des petits ognons. Pour servir, on dresse la
viande et les garnitures, on passe la sauce à l'étamine,
et, après l'avoir liée avec des jaunes d'œufs, on la verse
sur la viande.

Croquettes de lapereaux.

Après avoir fait rôtir des lapereaux, on ôte les filets
et le gros des cuisses, que l'on coupe en très petits
morceaux carrés; on verse ensuite dessus une sauce
faite avec de la béchamelle; on ajoute du beurre, du sel,
du poivre, de la muscade râpée. Cette sauce étant réduite, on la passe à l'étamine avant de la verser sur la
viande qu'on laisse refroidir. Trempez cette préparation,
tournée en quenelles, dans des œufs battus avec poivre et sel; roulez-les dans de la mie de pain, et faites-
les frire. Servez les croquettes de belle couleur et couvertes de persil frit.

Lapereaux en hachis.

Pour faire ce mets, on se sert habituellement de

restes de lapereaux rôtis, que l'on hache avec du mouton rôti; on casse ensuite par petits morceaux les os des lapereaux, et on les met dans une casserole avec du beurre, des échalotes, du thym, du laurier, du basilic, un peu d'ail. On fait revenir le tout, on y ajoute de la farine, du vin rouge et du bouillon : on fait bouillir doucement pendant une demi-heure; ensuite on passe la sauce au tamis, on la mêle avec le hachis, et on fait chauffer doucement. Pour servir, on entoure le hachis avec des croûtons frits.

Filets de lapereaux aux concombres.

Après avoir coupé des concombres en tranches très minces, faites-les mariner dans du vinaigre, du sel et du poivre; quand ils ont rendu leur eau, il faut les mettre dans une casserole avec du beurre, du sel, du poivre, un bouquet garni et des échalotes. On fait revenir le tout; on y ajoute un peu de farine, on mouille avec du bouillon, et l'on fait cuire à petit feu. D'autre part on taille en émincé la chair de lapereaux qui ont été servis rôtis la veille, et, au moment de servir, cet émincé doit être mis dans le ragoût et rester sur le feu seulement le temps nécessaire pour que le tout soit également chaud.

Filets de lapereaux en salade.

On se sert pour ce mets, comme pour les précédents, de restes de lapereaux rôtis; on les coupe en gros filets que l'on dresse avec des anchois coupés très fins, des petits ognons cuits dans du bouillon, des câpres entières et des mies de pain coupées en forme de gros lardons, et que l'on fait revenir dans du beurre jusqu'à ce qu'elles soient d'une belle couleur. Servez avec un huilier.

Faisan aux choux.

Après avoir vidé et flambé un faisan, on lui rentre les cuisses en dedans, on le pique avec des lardons assaisonnés de sel et de poivre, on le bride et on le couvre d'une barde de lard. Le faisan, ainsi préparé doit être mis dans une casserole foncée avec des bardes de lard, des tranches de veau, des carottes, des ognons, clous de girofle et du laurier. Il faut ajouter des choux blanchis et ficelés, mouiller avec du bouillon, et faire cuire à petit feu. Pour servir, on dresse le faisan, on l'entoure avec les choux qu'il faut avoir soin de bien égoutter ; on verse sur le tout une sauce au fumet de gibier.

Faisan à l'étouffade.

Après l'avoir préparé de la même manière que le faisan aux choux, on le met dans une casserole foncée de lard, le tout mouillé avec une égale quantité de bouillon et de vin blanc. On laisse cuire à petit feu. Au moment de servir, égouttez le faisan, débridez-le, et dressez-le sur une sauce à l'essence de gibier.

Faisan à la purée de lentilles.

Faites cuire le faisan comme il est dit à l'article précédent. Faites, d'autre part, une purée de lentilles (Voir au chapitre des *Légumes*) ; ajoutez à cette purée une partie du fond dans lequel le faisan a cuit ; dressez cette purée, et posez le faisan dessus.

Sarcelles à la broche.

Videz, flambez, troussez, bridez des sarcelles ; hachez un peu d'écorce de citron, que vous mêlerez avec un morceau de beurre, du sel, du gros poivre et le jus de citron ; vous insérerez cet assaisonnement dans le corps de vos sarcelles ; vous les mettez à la broche couvertes de tranches de citron, enveloppées de bardes de lard et de papier beurré. Trois quarts d'heure suffisent pour leur cuisson ; au moment de servir, débridez-les, faites sortir le beurre de leurs corps, et ôtez les tranches de citron qui sont dessus ; vous les dresserez sur votre plat ; vous verserez trois cuillerées d'espagnole travaillée, une cuillerée de consommée, le zeste d'un quart de citron, un peu de gros poivre; faites jeter un bouillon à cette sauce, et mettez-la sous les sarcelles.

Sarcelles à la batelière.

Levez les cuisses, les filets et le croupion de vos sarcelles; coupez vos filets en trois dans leur longueur et de la même grosseur; mettez un morceau de beurre avec vos morceaux de sarcelles, des échalotes hachés, du persil, du sel, du gros poivre, un peu de muscade râpée, dans une casserole que vous tenez sur un feu ardent; vous sautez ce qui est dans cette casserole pendant dix à douze minutes; vous tâtez si vos morceaux sont bien roidis; saupoudrez-les de farine, et mouillez avec un verre de vin blanc. Sitôt que votre ragoût aura jeté un bouillon, vous le retirerez du feu et le servirez sur-le-champ.

Alouettes rôties.

Les alouettes qu'on veut faire rôtir ne se vident pas. Après les avoir piquées de lard fin sur la potirine, on les barde de l'autre côté, on les embroche sur un attelet que l'on attache à la broche, et l'on place dessous des croûtes de pain pour en recevoir le jus. Les alouettes étant cuites, on les dresse sur les croûtes rôties et imbibées de jus.

Alouettes en salmis.

On se sert ordinairement, pour faire ce salmis, d'alouettes rôties que l'on dessert de table; on les vide, on leur coupe la tête, et on les pile avec les rôties sur lesquelles elles ont été servies; on délaie avec du bouillon ce que l'on a pilé, on le passe à l'étamine, on ajoute du poivre, du sel, de la rocambole écrasée, et un filet de verjus; on fait chauffer les alouettes dans ce coulis, et pour les servir on les dresse sur des croûtons frits.

Alouettes aux fines herbes.

Plumez, troussez et flambez les alouettes; mettez-les

avec un bon morceau de beurre dans une casserole; ajoutez du sel, du gros poivre, un peu d'aromates pilés, et posez la casserole sur un feu ardent. Lorsque vous les avez sautées dans le beurre pendant sept ou huit minutes, vous y mettez plein une cuillère à bouche de persil haché bien fin, autant d'échalotes hachés de même, des champignons aussi hachés, deux cuillerées d'espagnole, une cuillerée de bouillon; vous les remuerez dans leur sauce et les servirez sur-le-champ.

Perdrix aux choux.

Après avoir plumé et flambé des perdrix, on les pique avec des lardons assaisonnés de poivre et de sel; on les met ensuite dans une casserole foncée avec des bardes de lard, des choux blanchis et ficelés, du petit lard blanchi, un cervelas, des tranches de veau, des carottes, des ognons, des clous de girofle et du laurier. Le tout, recouvert de bardes de lard et d'un papier beurré, est mouillé avec du bouillon. Pour servir, on égoutte les perdrix, on les débride et on les dresse en les entourant de choux, de lard et de cervelas, ces derniers coupés par morceaux et disposés symétriquement de distance en distance. On verse sur le tout une sauce à l'espagnole.

Perdreaux à l'espagnole.

Après les avoir préparées de la même manière que les perdrix aux choux, on les met dans une casserole avec du beurre, du jus de citron, du poivre, une tranche de jambon. Le tout étant revenu, on y ajoute quelques cuillerées d'espagnole, du vin blanc, des clous de girofle, une feuille de laurier, un bouquet de persil et de ciboule, on fait cuire à petit feu. Au moment de servir, il faut dégraisser la sauce et la faire réduire, puis débrider les perdreaux et les dresser sur cette sauce.

Filets de perdreaux aux bigarades.

On fait rôtir des perdreaux; lorsqu'ils sont cuits on

lève les filets, on les dresse sur un croûton glacé de la même forme que les filets. D'autre part, on met dans une casserole de l'espagnole travaillée, le jus d'une bigarade, du zeste de citron, du gros poivre. Lorsque cette sauce commence à bouillir, on verse sur les filets, et on sert.

Salmis de bécasses.

Voyez *Alouettes en salmis*. La manière d'opérer, pour les bécasses, est absolument la même.

Bécasses en salmis de bernardins.

Dépecez des bécasses rôties; mettez-en les membres sur le plat que vous devez servir avec les foies, les entrailles et les déjections (ces dernières parties doivent être bien écrasées). Ajoutez des zestes et jus de citron, poivre, sel, muscade, moutarde, le tout mouillé d'un verre de vin blanc. Placez ce plat sur un réchaud à esprit-de-vin, et remuez fréquemment le contenu du plat, afin que les divers morceaux prennent bien l'assaisonnement. Lorsque le ragoût est sur le point de bouillir, arrosez-le d'un peu d'excellente huile, et servez aussitôt.

Cailles à l'espagnole.

Pétrissez un morceau de beurre bien frais avec jus de citron, sel et gros poivre; mettez ce beurre dans le corps de vos cailles autant qu'il en peut contenir; assujettissez les cuisses avec du fil, en laissant néanmoins les pattes libres, et, en les bridant, donnez-leur une forme agréable. Vous arrangerez ensuite des bardes de lard dans le fond d'une casserole, sur lesquelles vous mettrez vos cailles que vous recouvrirez aussi de bardes; mouillez-les avec moitié bouillon, moitié vin blanc; placez-les sur le feu, où vous les laisserez une demi-heure; après quoi vous les égoutterez et débriderez. Prenez des croûtons, mettez vos cailles dessus, et servez avec une sauce espagnole.

Cailles au laurier.

Après avoir vidé et flambé des cailles, on en hache les foies que l'on mêle avec du beurre, du persil, de la ciboule, du sel et du gros poivre; on garnit l'intérieur des cailles de ce mélange, on les enveloppe de papier et on les met à la broche. D'autre part, après avoir fait bouillir dans de l'eau quelques feuilles de laurier pendant dix minutes, on les met dans un blond de veau où on les laisse bouillir quelques secondes. Les cailles étant cuites, dressez-les sur cette sauce.

Cailles au fumet de gibier.

On vide des cailles par la poche, on les flambe, et on leur désosse la poitrine; ensuite on lève les filets d'autres cailles, on les assaisonne de sel et poivre, persil haché, beurre, jus de citron. On applique deux des filets ainsi préparés sur chacune des premières cailles; on les trousse, on les bride, et après les avoir fait revenir avec du beurre, du jus de citron et une feuille de laurier, on les met dans une casserole avec des bardes de lard, le tout mouillé avec du vin blanc. Une demi-heure suffit pour les faire cuire. Les cailles ainsi cuites se dressent sur une sauce espagnole travaillée avec du fumet de gibier.

Cailles au gratin.

Après avoir plumé et flambé des cailles, on les fait revenir dans une casserole avec un bouquet garni, du beurre, des champignons; on ajoute un peu de farine, du sel, du poivre; on mouille avec du vin blanc et du bouillon. Lorsque le tout est à moitié cuit, il faut y ajouter un riz de veau blanchi et coupé en dés, et laisser le tout réduire au point d'une sauce liée; quand le ragoût est cuit, on le dégraisse et on le dresse sur un gratin fait des foies de cailles hachés et mêlés avec du persil, de la ciboule, de la mie de pain, du beurre, du sel, du gros poivre et des jaunes d'œufs. Les cailles étant posées sur cette farce, on met le plat qui contient le tout sur un feu très doux, et lorsque la farce est bien gratinée, on verse le ragoût dessus.

Cailles au chasseur.

On vide et on plombe les cailles, ensuite on les fait revenir dans une casserole avec du beurre, une feuille de laurier, du sel et du poivre ; lorsqu'elles fléchissent sous le doigt, on ajoute un peu de farine, on mouille avec une égale quantité de vin blanc et de bouillon ; aussitôt que la sauce est liée, on sert.

Sauté de filets de cailles.

On dresse les filets dans le sautoir ; on verse dessus du beurre tiède, avec du poivre et du sel ; on met cuire sur un feu très ardent ; cinq minutes suffisent. Pour servir, on égoutte les filets et on les dresse avec un croûton glacé entre chacun d'eux. On peut aussi les servir saucés dans une espagnole claire à laquelle on ajoute un peu de glace.

Grives au genièvre.

Couvrez vos grives de bardes de lard, et enveloppez-les ensuite de papier ; attachez-les solidement à la broche (car les petits oiseaux ne s'embrochent jamais que dans des brochettes fixées à la grosse broche), et faites rôtir. D'autre part, mettez dans une casserole, parties égales de jus et de coulis mouillés d'un verre d'excellent vin blanc, et du jus d'un citron ; vous laissez ce mélange jeter quelques bouillons, puis vous faites blanchir quelques grains de genièvre que vous mettez dans votre coulis avec les grives rôties. Laissez mitonner le tout, et dégraissez votre coulis avant de servir.

Ortolans.

Après les avoir lardés, embrochez-les avec des attelets d'argent ; faites-les cuire à un feu très ardent : dix minutes suffisent. Dressez-les sur des mies de pain taillées et rôties que vous aurez eu le soin de laisser sous les ortolans pendant leur cuisson.

CHAPITRE IX.

DE LA VOLAILLE.

Heureux effets de la poularde de Bresse.

La volaille, rôtie surtout, a, sur la plupart des mets, l'immense avantage de pouvoir être mangée partout, à toute heure, en toute occasion : en voiture, en courant la poste, sur l'herbe au milieu des champs ; une volaille rôtie est la pièce obligée des petits soupers faits dans la chambre à coucher, alors que les deux convives mangent dans la même assiette et boivent dans le même verre. Voici, à ce sujet, ce que raconte l'excellent Brillat-Savarin, de spirituelle mémoire :

« Un des premiers jours de janvier de l'année 1825, deux jeunes époux, M. et madame de Versy, avaient assisté à un grand déjeuner d'huîtres *sellé et bridé;* on sait ce que cela veut dire.

« Ces repas sont charmants, soit parce qu'ils sont composés de mets appétissants, soit par la gaieté qui ordinairement y règne; mais ils ont l'inconvénient de déranger toutes les opérations de la journée. C'est ce qui arriva dans cette occasion. L'heure du dîner étant venue, les deux époux se mirent à table, mais ce ne fut que pour la forme. Madame mangea un peu de potage, Monsieur but un verre d'eau rougie; quelques amis survinrent, on fit une partie de whist, la soirée se passa, et le même lit reçut les deux époux.

« Vers deux heures du matin, M. de Versy se réveilla; il était mal à son aise, il bâillait; il se retournait tellement que sa femme s'en inquiéta et lui demanda s'il était malade. « Non, ma chère, mais il me semble que
« j'ai faim, et je songeais à cette poularde de Bresse, si
« blanchette, si joliette, qu'on nous a présentée à dîner,
« et à laquelle, cependant, nous avons fait un si mauvais
« accueil. — S'il faut te faire ma confession, je t'a-
« vouerai, mon ami, que j'ai tout autant d'appétit que
« toi, et puisque tu as songé à la poularde, il faut la
« faire venir et la manger. — Quelle folie! tout dort
« dans la maison, et demain on se moquera de nous.
« — Si tout dort, tout se réveillera, et on ne se mo-
« quera pas de nous, parce qu'on n'en saura rien.
« D'ailleurs, qui sait si d'ici à demain l'un de nous ne
« mourra pas de faim! je ne veux pas en courir la
« chance. Je vais sonner Justine. »

« Aussitôt dit, aussitôt fait, et on éveilla la pauvre soubrette, qui, ayant bien soupé, dormait comme on dort à dix-neuf ans, quand l'amour ne tourmente pas.

« Elle arriva tout en désordre, les yeux bouffis, bâillant, et s'assit en étendant les bras.

« Mais ce n'était là qu'une chose facile; il s'agissait d'avoir la cuisinière, et ce fut une affaire. Celle-ci était cordon-bleu, et, partant, souverainement rechigneuse ; elle gronda, hennit, grogna, rugit et renâcla ; cependant elle se leva à la fin, et cette circonférence énorme commença à se mouvoir.

« Sur ces entrefaites, madame de Versy avait passé une camisole, son mari s'était arrangé tant bien que mal. Justine avait étendu sur le lit une nappe, et apporté les accessoires indispensables d'un festin improvisé.

« Tout étant ainsi préparé, on vit paraître la poularde, qui fut à l'instant dépecée et avalée sans miséricorde.

« Après ce premier exploit, les époux se partagèrent une grosse poire de Saint-Germain, et mangèrent un peu de confitures d'oranges.

« Dans les entr'actes, ils avaient creusé jusqu'au fond une bouteille de vin de Grave, et répété plusieurs fois, avec variations, qu'ils n'avaient jamais fait un plus agréable repas.

« Ce repas finit pourtant ; car tout finit dans ce bas monde ; Justine ôta le couvert, fit disparaître les pièces de conviction, regagna son lit, et le rideau conjugal tomba sur les convives.

« Le lendemain matin, madame de Versy courut chez son amie, madame de Franval, et lui raconta tout ce qui s'était passé, et c'est à l'indiscrétion de celle-ci que le public doit la présente confidence. Elle ne manquait jamais de remarquer qu'en finissant son récit, madame de Versy avait toussé deux fois et rougi très positivement. »

Nous ne saurions donc trop recommander à nos lecteurs, et aux praticiens surtout, d'apporter le plus grand soin à la préparation de tout ce qui appartient à cette partie si importante de l'art culinaire, surtout en ce qui concerne les pièces rôties qui demandent non-seulement de la science, mais encore du génie, ce qui a fait dire à l'illustre professeur que nous venons de citer : *On devient cuisinier ; mais on naît rôtisseur.* »

Rôti sans pareil.

Mettez une olive farcie aux câpres et aux anchois, marinée à l'huile vierge, dans le corps d'un bec-figue, auquel vous couperez la tête et les pattes; ce bec-figue, ainsi troussé, dans un ortolan gras et bien en chair; l'ortolan, dans le corps d'une mauviette, à laquelle, outre l'amputation des pattes et de la tête, l'on aura retranché les os principaux, et que l'on aura entourée d'une barde de lard très mince; cette mauviette ainsi farcie, dans le corps d'une grive, parée et troussée de même; la grive, dans le corps d'une caille; la caille, non bardée, mais enveloppée d'une feuille de vigne, se met dans le corps d'un vanneau; le vanneau, bien troussé, et revêtu d'une mince tranche de lard, dans le corps d'un pluvier doré; le pluvier, bien bardé, se met dans le corps d'un perdreau rouge; le perdreau dans le corps d'une jeune bécasse; la bécasse, après l'avoir entourée de croûtes de pain coupées bien minces, se met dans le corps d'une sarcelle; la sarcelle bien parée, bardée avec soin, dans le corps d'un pintadeau; le pintadeau, bien bardé, dans le corps d'un canard sauvage; le canard, dans le corps d'une poularde; la poularde, dans le corps d'un faisan; le faisan, dans le corps d'une oie; l'oie dans le corps d'une poule d'Inde; enfermez la poule d'Inde dans le corps d'une outarde; et si elle ne le remplit pas exactement, bouchez les vides avec de la farce, des marrons ou de la chair à saucisses.

Le rôti, ainsi disposé, se met dans un pot d'une capacité convenable, avec des ognons piqués de clous de girofle, des carottes, des petits dés de jambon, du céleri, un bouquet garni, de la mignonnette, des bardes de lard bien assaisonnées de sel, poivre; ensuite ajoutez des quatre-épices fines, de la coriandre, et une ou deux gousses d'ail.

Scellez ce pot hermétiquement en le bouchant avec de la pâte, ou tout autre lut; mettez-le ensuite pendant vingt-quatre heures sur le feu doux, et disposé de manière à ce que la chaleur le pénètre également, et peu à peu.

Au moment de servir, délutez, dressez le rôti, après l'avoir degraissé sur un plat chaud.

Fricassée de poulet.

Videz, flambez, épluchez des poulets, coupez-les par membres; mettez-les avec les foies et le gésier, dans de l'eau tiède, pour les faire dégorger. Coupez ensuite les cous par morceaux, et séparez les têtes en deux; faites-les revenir dans une casserole, les morceaux de poulets, du beurre, une tranche de jambons des champignons, un bouquet garni, des clous de girofle; ajoutez ensuite un peu de farine, de poivre et de sel, mouillez avec de l'eau chaude, faites réduire à peu de sauce.

Pour servir, liez la sauce sans bouillir, avec des jaunes d'œuf délayés dans de la crême, ajoutez du jus de citron. On peut aussi y ajouter des champignons et quelques ecrévissess qu'on pose sur le tout en dressant.

Poulet à la tartare.

Après avoir flambé et vidé un poulet, cassez-lui les os, faites-le mariner avec du sel, du poivre, du persil, des champignons, un peu d'ail, le tout haché; trempez-le ensuite dans du beurre tiède, panez-le de mie de pain; faites-le griller à un feu doux, et servez à sec, ou sur une sauce claire.

Poulet à la Montmorency.

Videz et flambez deux poulets d'égale grosseur, retirez les os du bréchet; maniez du beurre avec de la muscade, du poivre, du sel, du jus de citron. Emplissez le corps de chaque poulet avec cet assaisonnement; bridez-les de lard fin sur l'estomac; mettez-les dans une casserole, avec bardes de lard dessous et à l'entour, des tranches de veau, des carottes, des ognons, un ou deux clous de girofle, une feuille de laurier, un bouquet de persil. Mouillez avec du bouillon, recouvrez le tout de papier beurré, et faites cuire pendant trois quarts d'heure, avec feu dessus, feu dessous. Pour servir, dressez les poulets sur sauce espagnole claire.

Poulets poêlés.

Flambez et videz des poulets; ôtez-leur les os de l'estomac, et emplissez-les de beurre manié avec du sel, du poivre, du jus de citron, mettez-leur des tranches de citron sur l'estomac, bridez-les, et les mettez dans une casserole, avec des bardes de lard, carottes, ognons, bouquet garni, le tout mouillé avec du bouillon. Il faut deux heures de cuisson pour servir, débridez-les et dressez-les sur une sauce quelconque ou un jus clair.

Poulet à la reine.

On les prépare et fait cuire de la même manière que les poulets poêlés. Pour servir, on les dresse sur une sauce hollandaise, une sauce tomate ou un ragoût mêlé.

Poulets à l'estragon.

Faites blanchir de l'estragon, hâchez-le avec les foies des poulets; maniez le tout avec du beurre, du sel, poivre. Après avoir troussé et flambé les poulets, remplissez-les avec cette farce, faites-les revenir dans une casserole avec du beurre, après leur avoir appliqué une barde de lard sur l'estomac. Ensuite vous les envelopperez de papier, et les mettrez à la broche. Les poulets étant cuits, mettez dans une casserole de l'estragon haché, un peu de beurre manié avec de la farine, des jaunes d'œufs, un demi-verre de verjus, un peu de bouillon, un filet de vinaigre, du sel, du gros poivre; faites lier cette sauce sans bouillir, et dressez les poulets dessus.

Poulets en gibelotte.

Coupez les poulets par membres, faites-les revenir dans une casserole, avec les abattis, des champignons, un bouquet de persil, une gousse d'ail, du thym, du laurier, du basilic, deux clous de girofle, et un peu de beurre ; ajoutez une pincée de farine, du sel, du poivre ; mouillez avec du bouillon, un verre de vin. blanc, du jus ce qu'il en faut pour colorer le ragoût ; faites réduire à courte sauce, et servez.

Poulets à la jardinière.

Épluchez, videz des poulets : coupez-leur les ergots, rentrez-leur les pattes dans le corps et faites revenir dans du beurre ; ensuite coupez-les en deux, aplatissez-les avec le couperet, faites-les mariner dans du beurre chaud, avec du sel, du poivre, de la ciboule, un peu d'ail, des champignons, le tout haché très fin ; faites tenir, autant que possible, la marinade autour des poulets. Après les avoir panés de mie de pain, faites-les griller à petit feu en les arrosant avec le reste de leur marinade. Lorsqu'ils seront cuits, vous les dresserez sur une sauce faite avec un peu de jus, trois cuillerées de verjus, du sel, du poivre, du persil haché, et liée avec des jaunes d'œufs. Ne laissez pas bouillir.

Poulets aux petits pois.

Coupez des poulets par membres, mettez-les dans une casserole avec du beurre, des petits pois, un bouquet de persil ; faites revenir le tout. Ajoutez une pincée de farine, mouillez avec une égale quantité de jus et de bouillon ; faites cuire et réduire à courte sauce et ne mettez de sel qu'un instant avant de servir.

Poulet au riz.

Videz et flambez un poulet, coupez-lui les pattes, après lui avoir désossé l'intérieur de l'estomac ; troussez-lui les cuisses en dedans, versez-lui dans le corps le tiers d'un ragoût de crêtes et rognons de coqs, auquel vous ajouterez une forte liaison. Ensuite enveloppez les extrémités du poulet avec des bardes de lard, et mettez-le cuire dans une casserole foncée avec des bardes de lard, des tranches de veau, des ca

rottes coupées en tranches, des ognons, des clous de
girofle, une feuille de laurier, du poivre, du sel, le
tout mouillé avec du consommé. Le poulet étant cuit,
passez son mouillement au tamis. Beurrez une casserole, mettez un rond de pâte au milieu, du riz dessus,
ensuite le poulet, puis comblez la casserole de riz, et
et faites cuire pendant une heure avec feu dessous et
dessus. Après avoir renversé ce pain de riz, vous en
ôterez le poulet, puis le rond de pâte; vous en dégar-
nirez l'intérieur sans endommager le fond ni les bords;
vous y verserez, après l'avoir fait chauffer, plein une
cuillère à pot de velouté réduit, le reste du ragoût de
crêtes et de rognons de coqs et une liaison de trois
jaunes d'œufs; dressez le poulet par-dessus.

Sauté de filets de poulets.

Dressez des filets de poulets dans un sautoir, assaisonnez-les de sel, poivre, persil haché; versez dessus
du beurre tiède, mettez-les sur un feu ardent, en ayant
le soin de les retourner souvent; lorsqu'ils seront cuits,
trempez-les dans du velouté chaud auquel vous ajouterez un peu de beurre fin et le fond du sauté dont il
faut avoir soin de retirer le beurre; ensuite dressez les
filets avec un croûton glacé entre chacun d'eux.

Poulet à la broche.

Flambez un poulet; couvrez-le de bardes de lard,
bridez-le et mettez-le cuire en ayant soin de lui attacher les pattes sur la broche.

Poulets a la Sainte-Menehould.

Après avoir flambé des poulets, troussez-leur les
pattes dans le corps; mettez-les dans une casserole
avec du beurre, un bouquet garni, une gousse d'ail, du
sel, du poivre et du vin blanc; faites cuire à petit feu,
trempez les poulets cuits ainsi dans des œufs battus,
ensuite roulez-les dans de la mie de pain, trempez-les

dans du beurre tiède, faites-les griller, et servez à sec ou sur une sauce piquante.

Cuisses de poulets à la royale.

Mettez dans une casserole des truffes épluchées et hachées, du lard râpé, des quatre épices, du sel, du poivre et de l'huile; faites revenir le tout, ensuite laissez-le refroidir, et farcissez-en les cuisses de poulets que vous mettrez dans une casserole, avec des bardes de lard dessus et dessous, les épluchures de truffes et du consommé. Lorsqu'elles seront cuites dressez-les sur un sauté de truffes.

Chapon poêlé.

Flambez légèrement un chapon, couchez-lui les pattes sur les cuisses, bridez-le et faites-le cuire dans une casserole foncée avec des bardes de lard. Couvrez-le de tranches de citron, ajoutez des carottes, ognons, bouquet garni, et mouillez avec du bouillon. Après une heure de cuisson, servez le chapon sur du jus réduit.

Poularde à la reine.

Après avoir fait cuire une poularde comme il est dit à l'article précédent, laissez-la refroidir; enlevez-lui les chairs de l'estomac, et faites-en une farce dont vous lui garnirez le corps; ensuite enveloppez-la de bardes de lard que vous assujettirez avec des petites chevilles de bois; puis vous la mettrez sur une tourtière, à un feu doux, et vous passerez le four de campagne par-dessus. Lorsqu'elle sera cuite vous en ôterez les bardes de lard, et vous la dresserez sur un velouté réduit, auquel vous ajouterez un peu de beurre, du gros poivre, et une liaison de jaunes d'œufs.

Filets de poularde en suprême.

Parez des filets, arrangez-les sur le sautoir, après les avoir assaisonnés de sel, poivre et persil haché très fin; faites-les cuire sur un feu très ardent, ensuite vous tremperez dans une sauce faite avec quelques cuillerées de Béchamelle, un peu de consommé et du persil haché; laissez bouillir cette sauce quelques minutes; dressez les filets dessus avec un croûton glacé entre chacun d'eux.

Poularde au riz.

Flambez une poularde, désossez-la entièrement, remplissez-la ensuite de riz cuit avec du beurre, du sel, du poivre, et que vous aurez laissé refroidir. Couvrez ensuite la poularde de bardes de lard, ficelez-la et faites-la cuire dans une casserole foncée avec des bardes de lard, le tout mouillé avec du bouillon. Pour servir, dressez la poularde, versez dessus une sauce espagnole claire, entourez-la de riz que vous aurez fait cuire à moitié dans du bouillon, ensuite égouttez sur un tamis, et achevez de cuire avec de l'espagnole réduite et du beurre.

Poulet aux truffes.

Après avoir flambé une poularde, emplissez-la de truffes revenues dans du beurre assaisonné de sel, poivre, quatre épices; ensuite frottez-lui l'estomac de jus de citron, couvrez-la de bardes de lard; mettez-la dans une casserole foncée avec des bardes de lard; versez dessus un ragoût fait avec des ognons, de la rouelle de veau; coupez en dés des carottes, les parures des truffes, du laurier, des clous de girofle, du sel, du poivre, du beurre et du bouillon; faites cuire, feu dessus, feu dessous. Pour servir, égouttez et dressez la poularde sur une sauce faite avec des truffes hachées, revenues dans du beurre et une égale quantité de bouillon et d'espagnole. Après avoir laissé réduire d'un tiers vous dégraisserez.

Poularde à la béchamelle.

Coupez par filets la chair d'une poularde cuite à la broche; faites-les bouillir dans du lait; ajoutez du beurre manié avec un peu de farine, du sel, du poivre, des échalottes, une demi-gousse d'ail, de persil et de la ciboule; laissez bouillir le tout pendant une demi-heure. Lorsque la sauce sera réduite vous la passerez au tamis clair et vous la lierez avec des jaunes d'œufs; ajoutez quelques gouttes de vinaigre.

Poularde en croustade.

Flambez une poularde, troussez-lui les pattes en dedans, lardez-la en travers, faites-la cuire dans du bouillon, avec du sel, du poivre et un bouquet garni. Vous ferez autant que possible attacher la sauce autour de la poularde, que vous laisserez refroidir, et vous verserez dessus une sauce faite avec du beurre manié de farine, sel et poivre, laissez bien épaissir cette sauce avant de la verser sur la poularde, sur laquelle vous mettrez ensuite de la mie de pain jusqu'à ce qu'elle forme une croûte à laquelle vous ferez prendre couleur en posant dessus un four de campagne. Servez sur une sauce piquante.

Cuisse de poularde au sauté de champignons.

Désossez des cuisses de poularde jusqu'au joint de l'intérieur; assaisonnez-les de sel et de poivre, ensuite emplissez-les avec une égale quantité de purée de champignons et de farce. Faites cuire à petite feu dans une casserole avec des bardes de lard dessus et dessous, carottes, ognons, bouquet garni, le tout mouillé do bouillon. Servez sur un sauté de champignons.

Dindon en daube.

Épluchez et flambez un dindon; troussez-lui les pattes en dedans, assujettissez-les avec de la ficelle; assaisonnez-le de sel, poivre, fines herbes; mettez-le cuire dans une braisière, avec des bardes de lard dessus et dessous, du jarret de veau, des carottes, des ognons, du laurier, un bouquet de persil et ciboule; mouillez avec du bouillon, couvrez le tout d'un papier beurré.

Lorsque le dindon est cuit passez son mouillement au tamis, faites-le réduire, battez-le avec un œuf et remuez-le sur le feu jusqu'à ce qu'il bouille; retirez-le alors sur le bord du fourneau, posez dessus un couvercle avec du feu; laissez-le mijoter une demi-heure; passez-le au tamis, et servez-le froid autour de la daube.

Dindon à la poêle.

Flambez un dindon, applatissez-lui l'estomac, troussez-lui les pattes, faites-le revenir dans une casserole, avec du beurre, du persil, de la ciboule, des champignons, un peu d'ail, le tout haché très fin; mettez-le ensuite avec son assaisonnement dans une casserole foncée avec des bardes de lard, ajoutez du sel et du poivre, mouillez avec du vin blanc et du bouillon, et faites cuire à petit feu. Pour servir, dégraissez la sauce, et ajoutez un peu de coulis pour la lier.

Dindon roulé.

Flambez, désossez un dindon; coupez-le en deux; garnissez chaque moitié avec de la farce de viande. Rapprochez-les deux moitiés, roulez-les, ficelez-les, et après les avoir couvertes de bardes de lard, mettez-les cuire avec du vin blanc, du bouillon, un bouquet garni, du poivre, du sel, des clous de girofle, un peu d'ail, des ognons coupés en tranches, une carotte et un panais.

Pour servir, dégraissez la sauce, passez-la au tamis, ajoutez un peu de coulis pour la faire lier, et dressez le dindon dessus.

Abattis de dindon en fricassée de poulet.

Après avoir échaudé des abattis, faites-les revenir dans une casserole, avec du beurre, un bouquet garni, des clous de girofle, des champignons; ajoutez une pincée de farine; mouillez avec du bouillon, assaisonnez de sel, gros poivre, faites cuire et réduire à courte sauce ; pour servir, ôtez le bouquet ; ajoutez une liaison de trois jaunes d'œufs avec de la crême, faites lier sans bouillir ; en servant, jetez un filet de vinaigre ou de verjus.

Dindon à la broche.

Après avoir flambé et troussé un dindon, bardez-le, mettez-le à la broche, enveloppé d'un papier blanc. Quelques instants avant de servir, retirez-le du papier et faites-lui prendre de la couleur.

Galantine de dindon.

Flambez un dindon, désossez-le par le dos ; levez une partie des chairs de l'estomac, hachez-les avec du veau et du lard très gras. Ajoutez du sel, du poivre, des fines herbes. Après avoir assaisonné des lardons avec des aromates pilés, lardez-en le dindon ; garnissez-le ensuite d'un lit de farce ; sur cette farce mettez des truffes coupées en long, des lardons, et continuez ainsi jusqu'à ce que la farce soit employée. Roulez alors le dindon de manière à ce qu'il ne s'échappe de farce d'aucun côté ; cousez les chairs comme si elles étaient dans leur forme première ; donnez une forme longue à la galantine. Après l'avoir couverte de bardes de lard assaisonnées d'un peu de sel, mettez-la avec quelques feuilles de laurier dans un canevas et ficelez-la. Mettez des bardes de lard dans une braisière, la galantine par dessus, ajoutez deux jarrets de veau, les débris du dindon, des carottes, des ognons, un bouquet de persil et ciboule, quatre feuilles de laurier, du thym, des clous de girofle, du poivre, du sel, et du bouillon. Faites mijoter cela pendant trois heures ; retirez-le du feu, mais ne sortez la galantine de sa cuisson qu'au bout d'une demi-heure ; vous la presserez alors pour en extraire le jus, et la conserverez dans son canevas jusqu'à ce qu'elle soit froide ; passez le mouillement à travers une serviette fine ; cassez un œuf entier, ou deux si le jus est long ; battez-les avec la gelée que vous mettrez sur le feu en la remuant toujours jusqu'à ce qu'elle bouille; alors vous la tiendrez sur le bord du fourneau; couvrez-la, et mettez un feu ardent sur le couvercle; lorsque votre gelée aura mijoté pendant une demi-heure vous la passerez à travers une serviette fine; laissez-la refroidir avant de vous en servir.

Dindon en blanquette.

Faites cuire un dindon à la broche; laissez-le refroidir, ensuite levez les chairs de l'estomac, que vous émincez et aplatissez avec la lame du couteau; ainsi arrangées, vous les mettez dans une casserole; vous tournez des champignons, que vous coupez très minces. Mettez un petit morceau de beurre dans une casserole, un peu de jus de citron et vos champignons; vous les sautez sur le feu; quand ils n'ont plus d'eau, et que le beurre est en huile, vous y verserez six cuillerées de velouté et autant de consommé; après avoir écumé et dégraissé votre sauce, versez-la sur le blanc de votre dindon. Quelques minutes avant de servir, passez la blanquette sur le feu avec un peu de beurre et une liaison de jaunes d'œufs.

Ailerons de dindon en fricassée de poulette.

Après avoir épluché et échaudé des ailerons, on les fait cuire de la même manière que la fricassée de poulets.

Ailerons en fricandeau.

Épluchez et échaudez des ailerons, mettez-les blanchir à l'eau bouillante, après les avoir piqués de petits lardons, et faites-les cuire comme le fricandeau.

Ailerons à l'espagnole.

Épluchez et faites blanchir des ailerons; mettez-les dans une casserole, sur des bardes de lard, avec deux cuillerées d'huile, un verre de vin blanc autant de bouillon, un bouquet garni, deux gousses d'ail, des clous de girofle, du sel, du poivre, d'eux pincées de coriandre. Lorsqu'ils sont cuits, passez la sauce au tamis, dégraissez-la, ajoutez un peu de coulis pour la lier; dressez les ailerons et versez la sauce dessus.

Ailerons en matelote.

Mettez cuire les ailerons dans une eau mouillée avec une égale quantité de vin blanc et de bouillon; ajoutez des clous de girofle, du sel, du poivre, un bouquet garni, deux gousses d'ail; à moitié de la cuisson mettez finir de cuire dans le ragoût des ognons blanchis à l'eau bouillante. Pour servir, passez des mies de pain sur le feu avec un peu de beurre, lorsqu'elles sont d'une belle couleur, dressez les ailerons autour du ragoût, et après avoir mis dans la sauce une pincée de câpres fines, versez-la sur le tout.

Ailerons de dindons en haricot.

Échaudez, flambez et désossez des ailerons, mettez-les dans une casserole avec des bardes de lard dessus et dessous, carottes, ognons, bouquet garni, le tout mouillé de bouillon. Faites cuire doucement pendant une heure et demie. Pour servir, égouttez les ailerons, et dressez-les en couronne, et mettez dans le milieu des navets jaunis dans le beurre.

Canard aux navets.

Après avoir vidé, flambé, troussé un canard, faites-le revenir dans un roux; mouillez avec du bouillon; tournez le canard dans son mouillement jusqu'à ce qu'il bouille; lorsqu'il sera à moitié cuit, ajoutez des navets tournés et sautés dans du beurre, et un bouquet de persil et ciboules. Pour servir, dressez le canard et versez le ragoût dessus après l'avoir dégraissé.

Canard poêlé.

Videz, flambez un canard; troussez-lui les pattes en dedans, bridez-le, assujettissez-le avec l'aiguille à brides et de la ficelle; frottez-lui l'estomac avec du jus de citron, et mettez-le dans une casserole, avec des bardes de lard dessus et dessous, bouquet garni, carottes, ognons, le tout mouillé avec du bouillon. Faites cuire à petit feu. Pour servir, après avoir égoutté et débridé le canard, on le dresse sur une sauce quelconque.

Canard farci.

Flambez et videz un canard; désossez-le entièrement; remplissez-le à moitié avec une farce de volaille, ficelez-le bien et mettez-le cuire comme il est dit à l'article précédent.

Canard à la béarnaise.

Faites-le cuire avec un peu de bouillon, un demi-verre de vin blanc, un bouquet garni et deux clous de girofle. Faites revenir dans une casserole des ognons coupés en tranches; lorsqu'ils sont bien colorés, ajoutez une pincée de farine, et mouillez avec la cuisson du canard. Pour servir, dégraissez la sauce, ajoutez-y un filet de vinaigre et versez-la sur le canard.

Canard à l'italienne.

Faites cuire un canard avec un demi-setier de vin blanc, autant de bouillon, sel, gros poivre, mettez dans une casserole deux cuillerées à bouche d'huile, persil, ciboule, champignons, une gousse d'ail, le tout haché; passez-le sur le feu; mettez-y une pincée de farine; mouillez avec la cuisson du canard, qui doit être dégraissée et passée au tamis; faites réduire au point d'une sauce; dégraissez et servez sur le canard.

Canard en hochepot.

Après avoir flambé et vidé un canard, coupez-le en quatre; faites-le cuire dans une marmite, avec des navets, un quart de chou, panais, carottes, ognons, le tout coupé et tourné proprement; du bouillon, un morceau de petit lard coupé en tranches, un bouquet garni, peu de sel. Le tout cuit à point, dressez le canard dans une terrine à servir sur table; placez les légumes autour; dégraissez le bouillon; mettez-y un peu de coulis, et servez à courte sauce sur les légumes et le canard.

Canard aux olives.

Faites-le cuire de la même manière que le canard à la poêle, et dressez-le sur une sauce aux olives. Cette sauce se compose d'olives tournées qu'on fait bouillir dans une sauce espagnole.

Cannetons aux pois.

Après avoir échaudé des cannetons, troussez-leur les pattes, de manière à ce qu'il n'y ait que les ergots qui paraissent; faites-les blanchir à l'eau bouillante; mettez les cuire dans un roux, avec des pois, un bouquet de persil; mouillez avec du bouillion; faites cuire à petit feu, salez quelques minutes seulement avant de servir.

Poule d'eau.

Elle se préparent et se font cuire de la même manière que les canards.

Oie en daube.

Videz une oie, troussez-lui les pattes dans le corps, lardez-la avec des lardons assaisonnés et maniés avec du persil, de la ciboule, deux échalotes, une demi-gousse d'ail, une feuille de laurier, du thym, du basilic, du sel, du poivre, un peu de muscade râpée; ensuite ficelez l'oie, mettez-la dans une marmite avec deux verres d'eau, autant de vin blanc, un demi-verre d'eau-de-vie, du sel et du poivre, lutez bien la marmite, et faites cuire à très petit feu pendant trois ou quatre heures; dressez la daube dans son plat quand elle sera presque froide, versez la sauce dessus et ne servez que lorsqu'elle sera en gelée.

Oie à la moutarde.

Épluchez et flambez une oie; hachez-en le foie avec des échalottes, du persil, de la ciboule, une feuille de laurier, du thym, du basilic, le tout haché très fin, ajoutez du beurre, du sel, du poivre; mêlez bien le tout, et farcissez-en l'oie que vous cousez ensuite et mettez à la broche en ayant soin de l'arroser avec du beurre. Lorsque l'oie est presque cuite, mêlez une cuillerée de moutarde au beurre qui a été recueilli dans la lèchefrite; versez-le sur l'oie, et panez-la à mesure. Lorsqu'elle est entièrement couverte de mie de pain achevez de la faire cuire, et servez-la sur une sauce faite de la manière suivante. Mettez dans une casserole un peu de beurre manié avec de la farine, une cuillerée de moutarde, une demi cuillerée de vinaigre, un peu de verjus ou de bouillon, du sel, du poivre; faites lier sur le feu.

Aiguillettes d'oie.

Coupez en longs morceaux les filets d'oies cuites a la broche; prenez le jus qu'elles auront jeté; versez-le dans de la sauce espagnole que vous ferez réduire jusqu'à ce qu'elle soit très épaisse. Ajoutez un peu de zeste et de jus de citron, faites chauffer cette sauce sans la faire bouillir, et versez-la sur les aiguillettes.

Cuisses d'oie à la purée.

Désossez des cuisses d'oie, jusqu'au joint de l'intérieur; assaisonnez-les de sel et de gros poivre; mettez à la place de l'os un peu de lard haché; rassemblez ensuite les chairs, et cousez-les de manière à leur donner une belle forme.

Après cette préparation, mettez dans une casserole des bardes de lard, placez-y les cuisses, couvrez-les de nouvelles bardes; ajoutez quelques carottes et ognons, du laurier, du thym, deux clous de girofle et plein une cuillère à pot de bouillon. Faites mijoter le tout pendant deux heures, ensuite égouttez les cuisses, dressez-les et masquez-les avec de la purée ou une sauce Robert.

Pigeons à la crapaudine.

Après leur avoir troussé les pattes en dedans, on fend les pigeons par-derrière, et on les aplatit en ayant soin de ne pas trop briser les os ; on les fait ensuite mariner avec de l'huile fine, du sel, du poivre, du persil, des champignons et de la ciboule, le tout haché ; quand ils ont bien pris l'assaisonnement, on les pane, on les met sur le gril à petit feu, et on les arrose à mesure qu'il cuisent, avec le reste de leur marinade ; pour servir on les dresse sur une sauce piquante.

Pigeons en matelotte.

On les échaude, on leur retrousse les pattes en dedans et on les passe dans une casserole avec un peu de beurre ; on y ajoute quelques ognons blancs, un peu de petit lard coupé par morceaux, un bouquet garni et une pincée de farine ; on mouille avec moitié bouillon, moitié vin blanc ; quand les pigeons sont cuits et la sauce réduite de plus de moitié, on la lie avec des jaunes d'œufs, et on sert avec un filet de verjus.

Pigeons en ragoût d'écrevisses.

Après avoir vidé les pigeons on les échaude et on les fait blanchir ; on les fend un peu sur le dos, et on les fait cuire avec du bouillon, un verre de vin blanc, un bouquet de persil, de l'ail, du clou de girofle, du sel et du poivre. Lorsqu'ils sont cuits on met dans une casserole des champignons, du beurre, des écrevisses épluchées ; on passe le tout sur le feu, en ajoutant ensuite un peu de farine, le tout mouillé avec la cuisson des pigeons, après avoir laissé bouillir cette sauce pendant une demi-heure on la lie avec des jaunes d'œufs en y ajoutant une pincée de persil haché et un peu de muscade ; pour servir on égoutte les pi-

geons, on les dresse et l'on verse dessus le ragoût d'é-
crevisses.

Pigeons à la cuillère.

Parez et flambez des pigeons, et mettez-les dans
une casserole avec du beurre, du jus de citron, du sel
et du poivre. Après les avoir fait roidir dans cet assaisonnement, on les met dans une casserole entre des
bardes de lard; on y ajoute le beurre dans lequel on
les a fait roidir; des carottes, des ognons; on mouille
avec du bouillon et on laisse cuire. Pour servir, on
dresse les pigeons sur une sauce hollandaise en ayant
soin de mettre entre chacun d'eux une écrevisse.

Pigeons à l'aurore.

Après avoir flambé des pigeons, on les met dans une
casserole avec du beurre, du sel, du gros poivre, du jus
de citron et une feuille de laurier; quand ils sont roidis,
on ajoute un peu de farine, du bouillon, et on fait
bouillir à grand feu pendant vingt minutes. Ensuite on
retire les pigeons de leur sauce que l'on fait réduire et
qu'on lie avec des jaunes d'œufs. Versez cette sauce
réduite sur les pigeons; roulez ces derniers dans de la
mie de pain; trempez-les dans des jaunes d'œufs battus, roulez-les de nouveau dans de la mie de pain, et
faites-les frire. Servez avec du persil frit.

Potage à la Saint-Laurent.

On flambe les pigeons légèrement; on leur trousse les
pattes en dedans, et on les fend par le dos depuis le
cou jusqu'au croupion. On les bat sur l'estomac, on
les assaisonne de gros poivre, de sel, et on les pane
en les trempant alternativement dans du beurre tiède et
dans de la mie de pain; quand ils sont bien panés, on
les met sur le gril à un feu très doux, on les retourne
de temps en temps. Il faut les servir sur un jus clair ou
sur une sauce piquante

Pigeons en surprise.

Après les avoir échaudés et vidés, on met les foies à part, on leur trousse les pattes en dedans et on les fait blanchir en même temps que des laitues; on laisse bouillir. Au bout d'une demi-heure, on retire les laitues, et après les avoir ouvertes sans détacher les feuilles, on met dessus une farce faite avec les foies des pigeons, du persil, de la ciboule, un peu d'estragon, du cerfeuil et des échalotes; le tout haché très fin, manié avec du beurre, du sel, du gros poivre, et lié avec des jaunes d'œufs; on enveloppe ensuite les pigeons chacun avec une laitue, de manière à ce qu'on ne les voie pas; on les ficelle bien et on les met cuire avec du bouillon très gras, un bouquet de persil, de la ciboule, des clous de girofle, du poivre, du sel, des ognons, carottes et panais. Quand ils sont cuits on ôte la ficelle et on les sert, chacun recouvert d'une laitue, sur un coulis de veau.

Pigeons à la bourgeoise.

On les échaude, on les vide, on leur trousse les pattes en dedans et on les fait blanchir; on les met dans une casserole avec du bouillon, un bouquet garni, des champignons, des culs d'artichauts coupés en quatre et cuits à moitié, du sel et du poivre. Pour servir, on les dresse sur une sauce espagnole ou sur du velouté.

Pigeons à la broche.

Après les avoir vidés et flambés, on les épluche, on les bride, et on les met à la broche; une demi-heure suffit pour les cuire.

Pigeons en compote.

Après les avoir vidés, flambés, troussés et bridés, on met dans une casserole un morceau de beurre et des tranches de petit lard; quand elle sont d'une belle couleur on fait un roux, on mouille avec du bouillon et on y ajoute les pigeons. Ces derniers étant au trois quarts cuits, il faut y ajouter des petits ognons passés au beurre. Dressez les pigeons, dégraissez la sauce et versez dessus.

Pigeons aux pois.

On échaude les pigeons, on les fait blanchir, on les coupe en deux après leur avoir troussé les pattes en dedans; ensuite on les met dans une casserole avec du beurre, des petits pois, un bouquet de persil, de la ciboule. Après avoir passé le tout sur le feu pendant quelques minutes, on y ajoute une pincée de farine et l'on mouille avec de l'eau. Cette préparation doit cuire à petit feu. Le tout étant cuit, liez la sauce avec des jaunes d'œufs sans la faire bouillir.

Pigeons aux asperges en petits pois.

Après avoir coupé des asperges en petits pois, on les fait blanchir, on les retire à l'eau fraîche, on les égoutte, on accommode les pigeons et les pointes d'asperges de la même manière que les pigeons aux petits pois; seulement on ajoute au bouquet de persil, un peu de sarriette.

Pigeons aux court-bouillon.

Les pigeons étant troussés comme il est dit ci-dessus, il faut les larder avec du gros lard et les mettre dans une marmite avec un bouquet garni, une gousse d'ail, des clous de girofle, un panais, une carotte, du poivre, du sel et un peu de beurre. On mouille avec du vin blanc et du bouillon, et l'on fait cuire à petit feu. Pour servir, dressez les pigeons et versez la sauce dessus après l'avoir passée au tamis et fait beaucoup réduire.

Pigeons à la Sainte-Menehould.

On vide les pigeons, on leur laisse les foies, on leur trousse les pattes dans le corps et on les fait revenir. Ensuite on met dans une casserole du beurre manié avec de la farine, du persil en branches, de la ciboule entière, des ognons coupés en tranches, des carottes, des panais, une gousse d'ail, des clous de girofle, du sel, du poivre, du laurier, du thym, du basilic. On mouille avec du lait, et on fait bouillir le tout pendant quelques minutes, puis on y met les pigeons qui doivent cuire pendant une heure à très petit feu; ensuite on les retire, on les égoutte, on les pane et on les met sur le gril. Servez à sec, et en même temps une sauce remoulade dans la saucière.

Pigeons à la Marianne.

On les prépare de la même manière que les pigeons à la Sainte-Menehould., puis on les aplatit avec le couperet, et on les met dans une casserole avec de l'huile, du bouillon, du sel, du gros poivre, du laurier; il faut les faire cuire à très petit feu. Faites égoutter les pigeons ainsi cuits; ôtez les feuilles de la sauce, dégraissez-la et mettez-y des enchois, des échalotes et des câpres, le tout haché, de la muscade et un peu de beurre manié avec de la farine. Faites lier sur le feu; dressez les pigeons et on verse la sauce dessus.

Pigeons au soleil.

Ce mets ne peut se faire qu'avec des pigeonneaux après les avoir vidés, il faut leur laisser les ailes, la tête, les pattes; passez à chacun une brochiette à travers les cuisses pour empêcher qu'elles ne s'écartent trop en les faisant blanchir un instant à l'eau bouillante. Après les avoir bien épluchés, vous les mettez cuire dans une casserole avec un verre de vin blanc, un bouquet de persil, ciboule, une gousse d'ail, deux clous de girofle, sel, gros poivre, un petit morceau de beurre. La cuisson faite, vous les égouttez et laissez refroidir pour les tremper ensuite dans une pâte, et les faites frire de belle couleur; servez chaudement avec du persil frit autour.

Pigeons en surtout.

On les apprête et on les fait cuire de la même manière que les pigeons à la bourgeoise. Quand ils sont cuits, en les laisse refroidir, puis on met sur le plat que l'on doit servir une farce de viande; on dresse dessus le ragoût de pigeons, et on recouvre le tout avec de la farce semblable à celle que l'on a mise au fond du plat. Après avoir posé sur le tout un couteau trempé dans de l'œuf battu, on pane avec de la mie de pain et on fait cuire sous un four de campagne. Pour servir, on dégraisse et verse dessus un coulis clair.

Pigeons à la poêle.

Plumez et videz des pigeons, laissez-leur les pattes, et faites-les revenir; vous les mettrez ensuite dans une casserole avec de la ciboule, du persil, un peu d'ail et des champignons, le tout haché, du beurre, du sel et du gros poivre. Laissez le tout quelques minutes et mettez-le dans une casserole foncée avec des tranches de veau; ajoutez du vin blanc, des bardes de lard et une feuille de papier blanc : posez un couvercle sur la casserole, et laissez cuire à petit feu. Pour servir, on dresse les pigeons et on verse dessus la cuisson qu'on lie avec du coulis, après avoir eu soin de bien la dégraisser.

CHAPITRE X.

DU POISSON DE MER ET D'EAU DOUCE.

Bleu ou court-bouillon.

La plupart des poissons de mer et d'eau douce pouvant se manger cuits au court-bouillon; nous commencerons par donner ici la recette de cette cuisson, qui est la même pour tous, afin de pouvoir, dans le cours du chapitre, renvoyer à cet article toutes les fois que l'occasion s'en présentera. Voici donc la meilleure manière de cuire au court-bouillon :

Videz, écaillez et lavez le poisson, placez-le dans la poissonnière. Emplissez-la de bon vin , avec épices, thym, ail, laurier, ognons en rouelles Ajoutez lard gras, ou beurre, ou huile d'olive, si c'es en maigre. La poissonnière ainsi garnie et accrochée à la crémaillère, faites un feu très clair, la flamme prendra bientôt au vin. Laissez réduire aux deux tiers, retirez le poisson, faites-le bien égoutter, et servez froid ou chaud, avec sauces et garnitures.

Turbot à la sauce aux câpres.

Le turbot étant cuit comme il est dit à l'article précédent, dressz-le sur un plat recouvert d'une serviette, le ventre en dessus, avec une sauce aux câpres à part. Le turbot cuit de la sorte peut se manger à l'huile, se mettre au beurre noir ou de tout autre manière.

Saumon au bleu.

Après avoir vidé le saumon sans lui couper le ventre, faites-le cuire au bleu et servez-le comme le turbot. (Voir les deux articles précédents.)

Esturgeon au bleu.

Il se fait cuire et se sert de la même manière que le turbot et le saumon (Voir les deux articles précédents.)

Esturgeon à la broche.

Videz, écaillez et lavez l'esturgeon, piquez-le de gros lard, et mettez-le à la broche; servez-le avec une sauce piquante, un ragoût aux truffes, ou une sauce à l'italienne.

Alose au bleu.

Elle se fait cuire comme le turbot. Voyez ci-dessus l'article *Bleu ou court-bouillon.*

Alose grillée.

Videz, écaillez, lavez une alose ; essuyez-la avec soin

et faites-la mariner pendant quelques heures dans un plat creux avec de l'huile, du poivre, du sel, du persil et de la ciboule. Faites-la cuire ensuite sur le gril, à un feu doux; dressez-la et versez dessus une sauce aux câpres.

Cabillaud au bleu.

Il se traite de la même manière que le turbot et le saumon. (Voyez ci-dessus l'article *Bleu ou court-bouillon.*)

Morue salée à la maître-d'hôtel.

Faites dessaler de la morue pendant trente-six heures, en la changeant d'eau plusieurs fois, et mettez-la sur le feu dans de l'eau pure. Au premier bouillon que jette l'eau, la morue est cuite, et il faut la retirer de l'eau sur-le-champ, car il suffirait de l'y laisser quelques minutes de trop pour qu'elle fût dure. Faites égoutter la morue ainsi cuite et dressez-la sur du beurre frais avec lequel vous aurez pétri des fines herbes, du poivre et du sel. Ajoutez un jus de citron et servez.

Morue à la béchamelle.

La morue étant cuite et égouttée comme il est dit à l'article précédent, mettez dans une casserole un bon morceau de beurre, un peu de farine, un peu de sel, du gros poivre, du persil et de la ciboule hachée bien fine. Ajoutez-y un verre de crème; mettez le tout sur le feu, et tournez-le jusqu'à ce que cette sauce ait jeté un bouillon; il faut qu'elle soit épaisse comme de la bouillie; versez-la sur la morue et servez sur-le-champ.

Morue à la provençale.

La morue étant cuite et égouttée comme il est dit ci-dessus, mettez dans un plat de l'échalote, un peu d'ail, persil, ciboule, du gros poivre, du citron en tranches la peau ôtée, deux cuillerées d'huile, un petit morceau de beurre; arrangez votre morue par-dessus, remettez par-dessus le même assaisonnement que par-dessous, et panez ensuite avec de la chapelure de pain ; mettez le plat sur un feu doux, afin qu'elle mijote ; faites-lui prendre couleur dessus avec un four de campagne.

Morue au beurre noir.

Faites cuire la morue comme il est dit à l'article *Morue à la maître-d'hôtel*, et dressez-le sur le plat que vous devez servir. Mettez du beurre dans une poêle, faites-le noircir, jetez du persil dedans, versez-le sur la morue et ajoutez-y un filet de vinaigre.

Brandade de morue.

La morue étant cuite comme il est dit ci-dessus à l'article *Morue à la maître-d'hôtel*, il faut l'éplucher soigneusement et la casser par petits morceaux. On met ensuite dans une casserole, sur le feu, de l'huile, du beurre, du persil et de l'ail pilé. Lorsque tout cela est bien fondu et mêlé, on y ajoute la morue, puis on bat bien le tout avec une cuillère de bois, sans ôter la casserole du feu, et à mesure que cette préparation épaissit, on y ajoute de l'huile. On continue à opérer ainsi jusqu'à ce que le tout forme une espèce de crème. Dressez alors et servez aussitôt.

Morue à la sauce aux câpres.

Elle se prépare comme la morue à la maître-d'hôtel, avec cette différence qu'au lieu de mettre du beurre à la maître-d'hôtel dessous, on verse dessus une sauce blanche aux câpres.

Raie.

Lavez la raie ; faites-la cuire à grande eau dans un chaudron avec sel, vinaigre, ognons en tranches. Dès qu'elle sera cuite, épluchez-la avec soin et ôtez-en la peau de dessus et de dessous.

La raie ainsi cuite peut se manger au beurre noir ou à la sauce aux câpres, comme la morue. (Voyez *Morue*.)

Limandes sur le plat.

Les limandes nettoyées et vidées, faites fondre sur votre plat un morceau de beurre; mettez un peu de muscade râpée; arrangez les limandes sur le plat, ajoutez l'assaisonnement; arrosez-les avec un verre de vin blanc; vous les masquez ensuite avec de la chapelure de pain; vous les posez sur le fourneau, un four de campagne par-dessus, et vous servez le plat tel qu'il est, dès que les limandes sont suffisamment cuites.

Limandes grillées.

Les limandes étant vidées et lavées, frottez-les d'huile et les saupoudrez de sel et poivre; posez-les sur un gril bien chaud; faites-les cuire à un feu doux; dressez-les et versez dessus une sauce à l'italienne, ou bien dressez-les seulement sur du beurre pétri avec des fines herbes, poivre, sel et jus de citron.

Carrelets.

Ils se traitent de la même manière que les limandes. (Voir ci-dessus.) On les mange aussitôt frits, ainsi que les limandes. Dans ce cas, on les saupoudre de farine; on les met dans de la friture bien chaude et on les sert avec du persil frit.

Plies.

On les accommode comme les limandes et les carrelets. (Voir-ci-dessus.)

Soles sur le plat.

Les soles étant vidées, lavées et essuyées faites entrer le tranchant du couteau sur le gros de la raie du côté noir; faites ensuite fondre du bon beurre sur un plat; mettez-y du persil, des échalotes hachés menu, du sel, du poivre, avec un peu de muscade râpée; mettez vos soles sur le plat et des fines herbes dessus; vous ajouterez un verre de vin blanc; vous les couvrirez avec de la mie de pain, arrosée de gouttes de beurre; un quart heure ou une demi-heure avant de servir, vous mettrez vos soles sur un feu doux, avec le four de campagne très chaud pour les recouvrir.

Filets de soles à la Horly.

Levez les filets, marinez dans jus de citron, sel et poivre; saupoudrez de farine et faites frire. Faites réduire les carcasses et débris en arrosant de vin blanc et bouillon, et servez cette sauce clarifiée sous vos filets.

Filets de soles au gratin.

Maniez du beurre avec des jaunes d'œufs, un peu de farine, sel, poivre et fines herbes. Garnissez-en le fond du plat; rangez sur cette farce les filets roulés et recouvrez-les de la farce qui garnit le fond du plat. Faites gratiner sur un feu doux, et posez par-dessus le four de campagne bien chaud.

Sole à la normande.

Garnissez le plat à gratiner d'une farce préparée comme il est dit à l'article précédent. La sole étant préparée comme il est dit à l'article *Sole sur le plat*, mettez la sole dessus; posez le plat sur un feu doux. Lorsque la farce commencera à gratiner, vous verserez sur la sole un ragoût aux truffes, avec champignons, morilles, œufs pochés; ajoutez un peu de sauce espagnole, et couvrez le plat avec le four de campagne bien chaud. Servez après une demi-heure de cuisson.

Éperlans.

Les éperlans, de même que les goujons ne se mangent guère que frits. On les vide, on les lave, on les saupoudre de farine; on les fait frire dans de la friture bien chaude, et on les sert avec du persil frit.

Maquereau à la maître-d'hôtel.

Videz, lavez, essuyez bien un maquereau; posez-le,

pour griller, sur un gril bien chaud, afin qu'il ne s'attache pas. Quand il est bien cuit, on le fend par le dos et on met dans l'intérieur du beurre manié avec des fines herbes, poivre, sel, et jus de citron.

Thon à la provençale.

Coupez le thon par tranches ; dressez-le sur un plat avec beurre, persil, ciboules hachés, mie de pain, le tout pétri ensemble. Posez le plat sur un feu doux, et couvrez-le d'un four de campagne bien chaud.

Vive.

La vive étant vidée, lavée et essuyée, coupez-la légèrement en cinq ou six endroits de chaque côté ; faites-la tremper avec un peu d'huile, sel, poivre ; faites-la griller, en arrosant de temps en temps avec le reste de votre huile ; dressez-la ensuite sur une sauce au beurre, câpres et anchois, un peu de farine et peu d'eau, sel et poivre ; faites lier sur le feu.

Merlan.

Le merlan peut se mettre sur le plat comme la sole. (Voyez *Sole sur le plat*) ; on peut aussi le faire griller et le mettre à la maître-d'hôtel, comme le maquereau Voyez *Marquereau à la maître-d'hôtel* ; mais il se mange plus généralement frit. Pour le faire frire on le soupoudre de farine, et on le met dans de la friture bien chaude.

Bar grillé.

Faites mariner le bar pendant quelques heures dans de l'huile avec sel et poivre. Faites-le griller en l'arrosant fréquemment avec l'huile dans laquelle il aura mariné, et servez-le avec une sauce aux câpres.

Le bar peut aussi se faire cuire au bleu, comme le turbot et le saumon. (Voir plus haut.)

Sardines.

Lavez, écaillez et grillez légèrement les sardines ;

servez-les à l'huile ou avec du beurre, des fines herbes et un jus de citron.

Harengs à la maître-d'hôtel.

(Voyez *Maquereau à la maître-d'hôtel*); les harengs se traitent de la même manière.

Harengs à la sauce moutarde.

Les harengs étant grillés, dressez-les sur une sauce blanche composée d'un peu de farine, beurre, sel, gros poivre, et dans laquelle vous délayerez une cuillerée de moutarde au moment où cette sauce sera près de bouillir.

Harengs salés.

Il faut les faire dessaler pendant vingt-quatre heures en les changeant d'eau plusieurs fois. On les sert en salade avec beaucoup de fourniture.

Harengs saurs.

Fendez-les par le dos; faites-les griller légèrement, et servez-les avec l'huilier.

Moules à la poulette.

Nettoyez, faites ouvrir au feu, nettoyez, sautez avec beurre frais, poudrez de farine, mouillez d'eau et laissez jeter un bouillon. Liez la sauce avec jaunes d'œufs. Filet de citron.

Moules au naturel.

Nettoyez bien, mettez dans une casserole avec beurre, fines herbes et épices, sautez jusqu'à ce qu'elles soient bien ouvertes.

Grondins et rougets.

Ces poissons se font cuire au bleu (Voir plus haut *Bleu* ou *Court-bouillon*) et se servent avec l'huilier. On peut cependant manger les rougets à la maître-d'hôtel; pour cela, on leur coupe la tête et du reste on les traité de la même manière que les maquereaux. (Voyez *Maquereau à la maître-d'hôtel*).

Anchois.

Les anchois, que l'on vend ordinairement conservés dans de la saumure ou de l'huile, se mangent le plus ordinairement en salade; il suffit pour cela de les couper par filets, de les dresser sur un plat avec des œufs durs, des fines herbes, des cornichons et un huilier.

On peut aussi manger les anchois frits. Dans ce cas, on les lave; on les trempe dans une pâte à frire légère, et on les met dans de la friture bien chaude.

Homards, Langoustes, Crabes.

Ces divers crustacés se jettent tout vivants dans du court-bouillon bouillant (Voyez *Bleu* ou *Court-bouillon*); il leur faut une demi-heure de cuisson. Ils se servent froids avec l'huilier.

Huîtres.

Les huîtres se mangent ordinairement crues, avec gros poivre et citron.

Huitres frites.

Mettez dans une casserole beurre, farine, eau, vinaigre, sel, poivre, persil, ciboules, ail, échalotes hachés, clous de girofle, thym, laurier. Posez la casserole sur le feu, et quand le tout commence à chauffer jetez dedans les huîtres que vous aurez extraites de leurs coquilles. Après quelques instants, on ôte les huîtres, on les fait égoutter, on les trempe dans une pâte à frire légère, et on les fait frire. Servez avec du persil frit.

Huitres sautées.

Otez les huîtres de leurs coquilles; recueillez-en l'eau. Mettez cette eau dans une casserole avec du velouté, un peu de vin blanc, fines herbes, beurre, gros poivre. Faites bouillir le tout, et lorsque la sauce sera suffisamment réduite, vous mettrez les huîtres dedans, et vous les dresserez au moment où elles seront près de bouillir. On peut y ajouter des champignons et des croûtons frits au beurre.

Brochet en fricassée de poulet.

Après avoir écaillé un brochet on le coupe par tronçons, pour le faire revenir dans une casserole avec du beurre et des champignons; on ajoute un peu de farine et on mouille avec du vin blanc. Au moment de servir, on lie avec des jaunes d'œufs.

Brochet à la portugaise.

Après avoir fait cuire un brochet au court-bouillon, on l'écaille, on le dresse chaud, et on le masque d'une sauce tomate.

Brochet à l'allemande.

Coupez des brochets par tronçons et faites-les cuire au court-bouillon (Voir plus haut *Bleu* ou *Court-bouillon*). D'autre part préparez une sauce avec beurre, farine, un peu de court-bouillon, gros poivre, muscade râpée. Ce mélange doit être remué à mesure qu'il chauffe; lorsqu'il est sur le point de bouillir, on le retire du feu, on lie avec des jaunes d'œufs, et on verse cette préparation sur les brochets bien égouttés.

Anguille à la broche.

Après avoir dépouillé une anguille, et lui avoir coupé la tête, vous la viderez et la roulerez comme un cerceau, en l'assujettissant avec des brochettes et de la ficelle; vous la poserez sur une tourtière; mettez dans une casserole un morceau de beurre, des carottes et des ognons coupés en tranches, du persil, du laurier, du thym; faites-leur faire quelques tours sur le feu, mouillez avec du vin blanc, ajoutez du sel, du poivre; après avoir laissé bouillir une demi-heure cette préparation, vous la passerez au tamis sur l'anguille, et mettez le tout au four; au bout d'une demi-heure ou trois quarts d'heure, vous l'enlevez de dessus la tourtière et l'assujettissez à la broche, après l'avoir enveloppée de papier huilé.

Anguille à la tartare.

Dépouillez et videz une anguille, coupez-la par tronçons de quatre ou cinq pouces; vous faites une marinade comme pour l'anguille à la broche; avant de la mouiller, mettez-y un peu de farine; lorsque votre sauce sera cuite, passez-la à l'étamine sur les morceaux d'anguille, et faites-les cuire; lorsqu'ils seront froids, vous les roulerez dans de la mie de pain; vous les tremperez ensuite dans des œufs assaisonnés et battus; vous les panerez une seconde fois, et un quart d'heure avant de servir, mettez vos tronçons sur le gril, à un feu doux, avec un four de campagne bien chaud dessus. Faites une rémoláde composée d'huile, moutarde, sel, gros poivre, câpres, anchois, persil et ciboule hachés. Cette sauce étant bien battue et bien unie, mettez-la sur un plat et dressez les tronçons d'anguille dessus.

Anguille à la poulette.

On dépouille un anguille, on la coupe en tronçons, on la met sur le feu dans une casserole, avec du sel, du gros poivre, deux feuilles de laurier, du persil, de la ciboule et une bouteille de vin blanc; lorsqu'elle est cuite, on passe son mouillement au tamis, on la met dans une casserole avec une cuillerée de farine, des ognons passés au blanc, du beurre, des champignons, du persil et de la ciboule; lorsque les ognons sont cuits, on les pose sur l'anguille, on dégraisse la sauce, on la passe à l'étamine. Pour servir, on dresse l'anguille sur des croûtons passés au beurre; on verse dessus la sauce et on ajoute quelques écrevisses.

Carpe en matelote.

Une matelote se compose, ordinairement, d'un barbillon, d'une anguille, d'une carpe et de quelques écrevisses, dont on n'ôte pas les pattes; on coupe ces poissons par tronçons que l'on met dans un roux avec des ognons blancs, blanchis et cuits à moitié, des champignons coupés en dés, un bouquet garni, un peu de quatre épices, du poivre, du sel, du vin rouge; on fait cuire à très grand feu; pour servir on ajoute des croûtons frits.

Carpe au bleu.

Videz et écaillez une carpe, faites-la cuire au bleu (Voyez plus haut l'article *Bleu* ou *Court-bouillon*). La carpe étant bien égouttée, dressez-la sur un plat recouvert d'une serviette; couvrez-la de persil en branches et servez-la avec l'huilier.

Carpe grillée.

La carpe étant vidée et écaillée, on la fait mariner pendant une heure dans de l'huile assaisonnée de poivre, sel, persil, ciboules hachés, puis on la met sur le gril et on la fait cuire à un feu doux. Dressez la carpe ainsi cuite, et versez dessus une sauce blanche mêlée de câpres.

Carpe frite.

La carpe étant écaillée et vidée, on la fend par le dos de manière que la tête soit séparée en deux, après avoir donné quelque coups de couteau sur la grosse arête afin que la carpe ait une forme bein plate, saupoudrez de farine, et on la fait frire.

Carpe à la hongroise.

On vide une carpe en ayant soin de lui laisser les ouïes; on la coupe par morceaux que l'on met dans une casserole avec du sel, du poivre, des quatre épices, des tranches d'ognons et deux bouteilles de bière, puis on fait cuire le tout sur un grand feu; lorsque la sauce est réduite presque entièrement, on dresse la carpe et on la sert avec son bouillon sans le lier.

Truite au court-bouillon ou au bleu.

Voyez plus haut *Carpe au bleu*. La truite se fait cuire de la même manière. Cuite ainsi, on peut la dresser et la couvrir d'une sauce blanche mêlée de câpres, ou bien on la dresse sur un plat recouvert d'une serviette; on met dessus du persil en branches, et on la sert avec l'huilier.

Perche au court-bouillon.

Elle se prépare de la manière que la truite. (Voyez l'article précédent.)

Tanche à la poulette.

Après avoir laissé une tanche quelques secondes dans de l'eau très chaude, on en enlève le limon et on l'écaille, on la coupe en morceaux que l'on fait dégorger, et que l'on saute dans du beurre; on ajoute un peu de farine, du sel, du poivre, une feuille de laurier, un bouquet de persil, de la ciboule, des petits ognons, des champignons et du vin blanc; on fait cuire le ragoût sur un bon feu. Pour servir, on ajoute une liaison de jaunes d'œufs, et on retire la feuille de laurier, le persil et la ciboule.

Lotte.

On la prépare et on la fait cuire de la même manière que la tanche. On peut la servir frite; il faut alors la faire mariner. On l'emploie aussi dans les matelotes.

Tortue.

Après avoir coupé la tête et les pattes d'une tortue on la met cuire dans de l'eau avec des ognons, de la ciboule, du persil, du sel, la moitié d'un citron; lorsqu'elle est cuite on en détache l'écaille, on ôte le fiel.

Lamproie.

Elle se prépare de la même manière que la tanche. (Voyez plus haut.)

Meunier.

Ce poisson se prépare de la même manière que le brochet (voir plus haut). Il en est de même de la brême ou du barbillon. Ces poissons peuvent aussi être mis en maletote.

Goujons frits.

Videz, écaillez. lavez et essuyez des goujons; saupoudrez-les de farine ; mettez-les à la friture bien chaude, et servez-les avec du persil frit.

Étuvée de goujons.

Après avoir vidé, écaillé et essuyé des goujons, on les dresse dans le plat sur lequel on doit les servir, après en avoir garni le fond de beurre. On ajoute ensuite persil, ciboule, champignons, échalotes, laurier, thym et basilic, le tout haché très fin; on mouille avec du vin rouge et l'on fait cuire sur un feu ardent.

Écrevisses.

On mange communément les écrevisses cuites au court-bouillon; on peut les servir en fricassée de poulet, après avoir épluché les queues et les pattes. On fait aussi d'excellents coulis des coquilles d'écrevisses. Les queues servent à garnir des entrées ou à border un plat. Soit que l'on en fasse un potage ou une entrée aux écrevisses, voici la façon de s'en servir : on met un moment bouillir les écrevisses à l'eau bouillante, ensuite on les jette dans de l'eau fraîche; on épluche les queues que l'on met à part, ainsi que les coquilles que l'on pile. Quand elles sont fines, on les délaie dans un bon bouillon et on les passe ensuite dans un étamine. Si on destine ce coulis pour ragoût, on le tient plus épais et on met dedans les queues d'écrevisses, après les avoir fait cuire dans un peu de bouillon.

Grenouilles en fricassée de poulet.

Des grenouilles, il n'y a que les cuisses de bonnes,

en sorte qu'il faut leur couper les pattes et le corps. Après avoir passé les cuisses de grenouilles dans de l'eau bouillante, on les retire à l'eau fraîche, on les met dans une casserole avec du beurre, des champignons, du persil, de la ciboule, une gousse d'ail, des clous de girofle; on fait revenir le tout ensemble, ensuite on ajoute un peu de farine, du poivre et du sel; on mouille avec du vin blanc et un peu de bouillon. Lorsque la sauce est bien réduite, on la fait lier sans bouillir avec des jaunes d'œufs mêlés de persil haché très fin et un peu de crême.

Grenouilles frites.

On fait mariner les grenouilles crues pendant une heure avec moitié vinaigre, persil, ciboule, tranchés d'ognons, deux gousses d'ail, deux échalotes, deux clous de girofle, une feuille de laurier, thym, basilic; ensuite on les laisse égoutter et on les farine pour les faire frire; on sert avec une garniture de persil frit.

Quelquefois, au lieu de les fariner, on les trempe dans un pâte faite avec de la farine délayée, avec une cuillerée d'huile, un verre de vin blanc et du sel; que la pâte ne soit pas trop claire, il faut qu'elle file un peu gras en la versant avec la cuillère.

Escargots de vigne en fricassée de poulet.

Faites bouillir de l'eau mêlée de cendres de bois, et jetez les escargots dedans. Retirez-les de l'eau au bout d'un quart d'heure, après vous être assuré qu'on peut aisément les extraire des coquilles. Lavez-les à plusieurs eaux tièdes; faites-les égoutter, et mettez-les sur le feu, dans une casserole avec beurre, bouquet de persil, ciboule, ail, girofle, thym, laurier et champignons. Faites sauter, saupoudrez le tout de farine; mouillez avec moitié bouillon et moitié vin blanc; ajoutez du sel et du gros poivre, et laissez cuire jusqu'à ce que la sauce soit bien réduite. Liez cette sauce avec des jaunes d'œufs,

un peu de crême; ajoutez un peu de jus de citron, et
servez sur-le-champ.

CHAPITRE XI.

DES OEUFS.

OEufs à la coque.

Faites bouillir de l'eau; lorsqu'elle sera en pleine ébullition, vous mettrez dedans des œufs bien frais et vous
laisserez le vase sur le feu pendant deux minutes. Otez
ensuite les œufs de l'eau le plus promptement possible,
et servez-les recouverts d'une serviette.

OEufs au miroir.

Garnissez de beurre un plat qui puisse supporter le
feu; posez-le sur un feu doux, et lorsque le beurre
commencera à fondre cassez dessus, avec précaution,
une quantité d'œufs proportionnée à la grandeur du
plat. Salez et poivrez; ajoutez-y un peu de crême, et
servez-les avant que le blanc soit entièrement pris.

OEufs pochés au jus.

Faites bouillir de l'eau légèrement salée et vinaigrée;
cassez des œufs avec précaution et versez-les doucement
et successivement dans l'eau bouillante. Au bout de
quelques instants le blanc sera pris et en enveloppera
le jaune qui demeurera mou. Les œufs étant ainsi pochés ôtez-les de l'eau avec une cuillère percée; dressez-
les sur du jus bien corsé, et mettez sur chacun un peu
de gros poivre.

Omelette au naturel.

Cassez des œufs et battez-les bien, après les avoir

salés et poivrés. Faites fondre du beurre dans une poêle, versez dessus vos œufs battus; faites-les cuire, et lorsque l'omelette sera de belle couleur vous la renverserez dans le plat que vous devez servir, de manière à ce qu'elle soit pliée en deux.

Les omelettes aux fines herbes, au fromage, se font de la même manière; il ne s'agit que d'ajouter aux œufs des fines herbes hachées ou du fromage de gruyère râpé.

Omelette au lard.

Coupez par petits lardons du lard de poitrine, faites-le revenir dans la poêle avec du beurre. Dès que le lard sera bien jaune, vous verserez dessus les œufs battus comme il est dit à l'article précédent.

Omelette aux rognons.

Faites sauter des rognons dans du beurre avec du sel et du poivre, et jetez-les dans des œufs battus comme pour l'omelette au naturel. Finissez comme par cette dernière.

Omelette aux harengs saurs.

Faites griller des harengs saurs; hachez-les menu, et mêlez-les aux œufs battus comme pour l'omelette au naturel.

On peut faire de la même manière des œufs au jambon, aux pointes d'asperges, aux champignons. Ces divers ingrédients doivent toujours être cuits et assaisonnés avant d'être joints aux œufs.

Omelette au thon.

Prenez, pour six personnes, deux laitances de carpes bien lavées, que vous ferez blanchir, en les plongeant, pendant cinq minutes, dans de l'eau bouillante et légèrement salée.

Ayez pareillement gros comme un œuf de poule de thon nouveau, auquel vous joindrez une petite échalotte déjà coupée en atomes.

Hachez ensemble les laitances et le thon, de manière à les bien mêler, et jetez le tout dans une casserole avec un morceau suffisant de très bon beurre, pour l'y sauter jusqu'à ce que le beurre soit fondu. C'est là ce qui constitue la spécialité de l'omelette.

Prenez encore un second morceau de beurre à discrétion, maniez-le avec du persil et de la ciboulette, mettez-le dans un plat pisciforme destiné à recevoir l'omelette; arrosez-le d'un jus de citron, et posez-le sur la cendre chaude.

Battez ensuite douze œufs (les plus frais sont les meilleurs); le sauté de laitance et de thon y sera versé et agité de manière que le mélange soit bien fait.

Confectionnez ensuite l'omelette à la manière ordinaire, et tâchez qu'elle soit allongée, épaisse et mollette. Étalez-la avec adresse sur le plat que vous avez préparé pour la recevoir, et servez pour être mangé de suite.

Ce mets doit être réservé pour les déjeuners fins, pour les réunions d'amateurs où l'on sait ce qu'on fait et où l'on mange posément; qu'on l'arrose surtout de bon vin vieux, et on verra merveilles.

OEufs en filets.

On fait revenir dans du beurre, des ognons, un peu d'ail et des champignons coupés en tranches; lorsque les ognons commencent à se colorer, on ajoute un peu de farine, du gros poivre et du sel, on mouille avec une égale quantité de bouillon et de vin blanc, et on laisse réduire le tout au point d'une sauce, ensuite on y met des blancs d'œufs durs coupés en filets, et des jaunes entiers; on laisse bouillir le tout quelques minutes et l'on sert.

OEufs à la crème.

On met dans un plat de la crème qu'il faut faire bouillir et réduire de moitié; on y met ensuite les œufs avec du sel et du poivre, quelques minutes avant de servir on passe la pelle rouge dessus

OEufs au fromage.

Mettez dans une casserole du fromage de gruyère râpé, un peu de beurre, du persil, de la ciboule hachés, du vin blanc; faites bouillir à petit feu en remuant jusqu'à ce que le fromage soit fondu; mettez ensuite les œufs, remuez sans cesse ce mélange en continuant à le faire bouillir à petit feu. Servez avec une garniture de mie de pain.

OEufs frits.

Faites des omelettes fort minces, bien assaisonnées de poivre, sel, persil et ciboule; roulez-les bien serrées et les coupez en deux. Trempez ces moitiés d'omelettes dans de l'œuf battu, roulez-les dans de la mie de pain; faites-les frire et servez-les avec accompagnement de persil frit.

OEufs à la bourgeo'se.

On étend une légère couche de beurre au fond d'une casserole, on ajoute des tranches de mie de pain et des tranches de fromages de gruyère coupées très minces; on y met ensuite les œufs que l'on assaisonne de sel et de poivre.

OEufs grillés.

Coupez une grande feuille de papier blanc en petits carrés égaux; mettez chaque petit carré en double, pour le plier en petites caisses; beurrez-les en dedans et dehors; prenez un morceau de beurre, que vous mêlez avec de la mie de pain, persil, ciboule, une pointe d'ail, sel, gros poivre, et le mettez ensuite dans le fond de vos caisses. Cassez un œuf dans chaque caisse; assaisonnez le dessus avec un peu de sel fin et poivre; faites-les cuire à petit feu sur le gril; passez la pelle rouge par-dessus. Servez-les avec les caisses. Il faut que les jaunes soient à demi-mollets.

OEufs aux concombres.

Coupez des concombres par petits morceaux, de le grosseur du doigt ; passez-les sur le feu avec du beurre, persil, ciboule hachés ; ajoutez-y une pincée de farine, et les mouillez avec un peu d'eau, sel et poivre. Quand ils sont cuits, et qu'il n'y a plus de sauce, mettez-y des œufs durs coupés par tranches en quatre, et versez-y du lait ; faites-leur faire un bouillon, et servez.

OEufs en gratin au parmesan.

On mêle ensemble de la mie du pain, du fromage de Parmesan râpé, du beurre, deux jaunes d'œufs crus, un peu de muscade et du gros poivre ; on en garnit le fond du plat sur lequel on doit servir, on le pose sur un feu doux lorsque le gratin commence à s'attacher, on casse les œufs dessus ; on les saupoudre de fromage de Parmesan râpé : avant de servir on passe la pelle rouge dessus.

OEufs à la tripe.

Faites un roux, ajoutez-y des ognons coupés en petits morceaux et du beurre ; mouillez avec du bouillon. Lorsque les ognons sont cuits, on met dessus des œufs durs coupés en tranches, on les assaisonne de' poivre, sel et vinaigre, on fait bouillir le tout pendant quelques secondes, et l'on sert à courte sauce.

OEufs au gratin.

On garnit le plat sur lequel on doit servir, d'un gratin fait avec de la mie de pain, du beurre, des jaunes d'œufs, un anchois, du persil, de la ciboule, un échalote. Le tout haché et mêlé, on pose le plat sur un feu doux ; lorsque le gratin commence à s'attacher, on casse les œufs dessus, on les assaisonne de poivre et de sel ; on passe la pelle rouge dessus, et l'on sert.

OEufs à la huguenote.

Mettez du jus dans le plat sur lequel vous devez servir; cassez les œufs dessus, et les assaisonnez de poivre et de sel; faites-les cuire et passez une pelle rouge dessus.

OEufs en timbales.

On beurre des gobelets, et on les emplit à peu près d'œufs battus avec du coulis, du poivre et du sel; on les passe au tamis avant d'en emplir les gobelets. Cette préparation se fait cuire au bain-marie; pour servir, on passe légèrement un couteau autour des gobelets afin d'en détacher les œufs, que l'on dresse sur un jus clair.

OEufs en salade.

On met de la laitue hachée au fond d'un plat, on pose dessus des œufs durs coupés en deux; et autour de la fourniture de salade. On sert avec l'huilier.

OEufs à la pauvre femme.

Faites tiédir du beurre dans un plat; cassez les œufs dessus et les faites cuire sur de la cendre chaude. Faites revenir dans du beurre de la mie de pain coupée en dés. Quand ces dés sont d'une belle couleur, on les sème sur les œufs, et on les couvre du four de campagne bien chaud; pour servir on verse sur les œufs une sauce espagnole réduite.

Omelette soufflée.

Cassez des œufs en ayant soin de séparer les blancs des jaunes à part. Battez les jaunes avec du sucre en poudre et du zeste de citron haché bien fin; fouettez les blancs en neige et les mêlez avec les jaunes. Mettez ensuite du beurre dans une poêle sur un feu peu ardent; dès que le beurre sera fondu, vous y joindrez les œufs. Remuez l'omelette; lorsqu'elle commencera à prendre, vous la verserez sur un plat beurré que vous poserez sur des cendres rouges; semez dessus du sucre en poudre; couvrez-la avec le four de campagne très chaud. Aussitôt qu'elle est montée et de belle couleur, on la sert.

OEufs à la jardinière.

On met dans une casserole du beurre et des ognons coupés en tranches; lorsqu'ils sont revenus on y ajoute un peu de farine, du poivre, du sel et on mouille avec du lait. Il faut alors faire bouillir le tout jusqu'à ce que la sauce soit épaisse, puis la retirer du feu, la battre avec des œufs, et verser cette préparation dans le plat que l'on doit servir. Posez ce plat sur un feu doux, couvrez-le avec un four de campagne, et servez quand le dessus est de belle couleur.

OEufs à l'ail.

On fait cuire des gousses d'ail dans de l'eau, ensuite on les pile avec des câpres et des anchois, on délaye le tout avec de l'huile, du vinaigre du sel et du poivre; on dresse des œufs durs sur cet assaisonnement et on sert.

OEufs bouillés.

Battez des jaunes d'œufs, passez-les à l'étamine; mettez-les dans une casserole, avec du beurre, du velouté, du poivre et du sel. Posez le tout sur le feu et tournez jusqu'à ce que les œufs soient pris. Il faut les servir aussitôt.

On peut aussi casser des œufs dans une casserole, y joindre du beurre, les tourner sur le feu et lorsqu'ils sont pris les dresser avec des croûtons autour. Cette dernière méthode et la plus généralement adoptée.

OEufs bouillés aux pointes d'asperges.

On coupe des pointes d'asperges cuites, on les bat avec des œufs que l'on fait prendre sur un feu doux; ensuite on les dresse et on sert avec une garniture de pointes d'asperges.

On emploie les mêmes procédés pour faire des œufs

brouillés au petits pois, aux choux-fleurs, aux concombres et au jambon ; on sert ces derniers avec une garniture de croûtons.

OEufs à la neige.

Cassez des œufs, et séparez les blancs des jaunes; fouettez les blancs. Dès qu'ils sont pris on y ajoute du sucre en poudre et de l'eau de fleur d'oranger. On met d'autre part, dans une casserole, du lait, du sucre et de la fleur d'oranger. Lorsque le lait commence à bouillir on y met pocher les blancs que l'on fait ensuite égoutter sur un tamis ; puis on délaye les jaunes, on les verse dans du lait et on les remue sur le feu, avec une cuillère de bois jusqu'à ce qu'ils commencent à se lier ; alors on les passe à l'étamine, et après avoir dressé les blancs on verse ce mélange dessus.

Omelette au sucre.

Battez des œufs avec un peu de zeste de citron et du sucre en poudre; faites cuire cette préparation comme l'omelette au naturel. Dressez l'omelette en chausson sur un plat couvert de sucre en poudre; semez du sucre en poudre par-dessus, et faites glacer avec une pelle rouge.

Omelette au rhum.

Faites une omelette au sucre comme il est dit à l'article précédent; dressez-la; arrosez-la de rhum; mettez-y le feu et servez.

Soufflé au riz.

Mêlez et battez ensemble des jaunes d'œufs, de la farine de riz, des macarons pilés, des blancs d'œufs battus à part en neige, de la vanille. Dressez le tout sur une tourtière beurrée que vous poserez sur un feu doux et que vous couvrirez avec le four de campagne. Au moment de servir, semez sur le soufflé du sucre en poudre.

CHAPITRE XII.

DES LÉGUMES.

Petits pois à la bourgeoise.

Mettez des pois dans une casserole avec du beurre, un bouquet de persil et une laitue coupée en quatre, un peu de sel; faites-les cuire dans leur jus, à très petit feu; avant de servir, ajoutez une liaison de jaunes d'œufs; faites lier sur le feu, sans bouillir.

Petits pois au sucre.

Mettez dans une casserole du beurre et des pois bien fins; faites cuire à petit feu, et ajoutez pendant la cuisson du sucre en poudre. Les pois étant bien cuits, liez avec un jaune d'œuf et un peu de crème.

Petits pois à l'anglaise.

Mettez des pois dans de l'eau bouillante, ajoutez du sel; quand ils seront cuits, égouttez-les, dressez-les et posez dessus des petits pains de beurre.

Haricots verts.

Après les avoir épluchés et lavés, faites-les cuire dans de l'eau bouillante; ajoutez du sel; pour servir, égouttez-les, mettez-les dans de l'eau froide, égouttez-les une seconde fois, et les mettez sur le feu avec du beurre et des fines herbes. Lorsqu'ils seront bien chauds, servez.

Haricots au jus.

Faites cuire des haricots dans de l'eau et du sel, égouttez-les, et sautez-les dans un roux mouillé avec du jus, et auquel vous ajouterez du sel et du poivre.

Haricots blancs nouveaux.

Faites-les cuire dans de l'eau et du sel, égouttez-les, sautez-les sur le feu avec du beurre et des fines herbes, un filet de vinaigre, du sel et du poivre.

Haricots blancs au gras.

Faites-les cuire de la même manière que les haricots blancs nouveaux; sautez-les dans du lard fondu; mouillez avec du jus de veau.

Coulis ou purée de lentilles.

Faites cuire des lentilles dans du bouillon; passez le tout à l'étamine, assaisonnez de sel et poivre.

Lentilles à la maître-d'hôtel.

Après avoir fait cuire des lentilles dans de l'eau et du sel, égouttez-les, et sautez-les sur le feu avec du beurre, des fines herbes, du sel et du poivre.

Lentilles fricassées.

Faites un roux léger, mettez-y des fines herbes ou de l'ognon coupé en petits dés; mouillez avec un peu de bouillon; mettez-y ensuite les lentilles, du poivre et du sel.

Fèves de marais.

Mettez-les dans une casserole avec du beurre, un bouquet de persil, un peu de sarriette. Faites revenir le tout; ajoutez ensuite une pincée de farine; mouillez avec du bouillon. Quelques instants avant de servir, ajoutez une liaison de jaunes d'œufs.

Les fèves que l'on veut manger dans leurs robes se font cuire de la même manière que les précédentes, seulement on les fait blanchir avant de les faire cuire.

Choux au petit lard.

Coupez un chou par quartiers; faites-le blanchir

dans de l'eau; ajoutez du petit lard coupé par morceaux tenant à la couenne. Après avoir fait égoutter le chou, ficelez-le et mettez-le, ainsi que le lard avec lequel il a blanchi, dans une braisière; mettez-y en même temps la viande sur laquelle vous voulez servir les choux. Ajoutez du sel, du poivre, du persil, des clous de girofle, quelques racines et mouillez avec du bouillon. Lorsque la viande et les choux seront cuits, dressez-les et posez le lard sur les choux.

Choux à la bourgeoise.

Après avoir fait bouillir un chou dans de l'eau et du sel, vous le mettrez dans de l'eau froide, ensuite pressez-le sans en rompre les feuilles; ôtez-les les unes après les autres, et mettez à chacun un peu de farce; remettez ensuite les feuilles l'une sur l'autre, comme si le choux était entier; ficelez-le partout et faites-le cuire dans du bouillon avec du lard et quelques racines; pressez-le légèrement pour en faire sortir la graisse; coupez-le en deux, dressez-le sur le plat, et mettez pardessus une sauce espagnole.

Choux à la crême.

Émincez et faites blanchir des choux dans de l'eau et du sel; lorsqu'ils fléchiront sous le doigt, vous les rafraîchirez et presserez. Ensuite entr'ouvrez-les avec un couteau; mettez-les dans une casserole avec du beurre, du sel, du poivre; faites revenir le tout, ajoutez un peu de farine, mouillez avec de la crême; laissez réduire et servez.

Choucroute.

Mettez, dans un baquet, de gros choux blancs coupés en tranches fort minces, laissez-les de douze à vingt-quatre heures tout au plus et les pressez fortement pour en faire sortir l'eau par une ouverture pratiquée au baquet; ayez un tonneau défoncé d'un côté, garnissez le fond d'une couche de sel, mettez par-dessus une couche de choux, puis une couche légère de sel, un peu de poivre et quelques grains de genièvre, puis des choux et ainsi de suite; couvrez le tout d'un couvercle de bois qui puisse entrer dans le tonneau, chargez-le d'une centaine de livres au moins; lorsque les choux auront rendu beaucoup d'eau et qu'il se sera formé une croûte dessus, vous pourrez vous servir de la choucroute; ayez soin de charger le couvercle chaque fois que vous en retirerez et nettoyez les tours du tonneau; couvrez-le exactement d'un linge mouillé pour que l'air n'y pénètre pas : ne laissez de saumure que ce qu'il en faut pour couvrir les choux.

Faites dessaler la choucroute pendant quelques heures avant de vous en servir, et la faites cuire au beurre ou à la graisse; servez avec du petit salé, des saucissons ou du jambon.

Choux-fleurs.

Faites-les cuire à moitié dans le l'eau et du sel; faites les achever de cuire dans une eau blanche composée de farine délayée avec de l'eau, un peu de beurre et du sel.

Dressez-les sur une sauce blanche, ou servez-les au naturel avec l'huilier; ou bien encore sautez-les dans une casserole avec du beurre et des fines herbes.

Carottes au beurre.

Coupez des carottes en long; faites-les blanchir dans l'eau avec du sel et du beurre; quand elles seront cuites, vous les égoutterez, et les mettrez dans une casserole avec un morceau de beurre, du sel, du poivre; sautez-les sur le feu; versez plein une cuillère à bouche de velouté, ou bien de l'eau seulement, afin que le beurre ne tourne pas en huile. Lorsqu'elles seront sur le point de bouillir, dressez-les et servez.

Racines en menus droits.

Coupez des ognons en filets; faites-les cuire dans un roux, mouillez avec du bouillon; ajoutez des carottes, des panais, du céleri, des navets, le tout cuit dans du bouillon, et coupé en tranches, assaisonnez de sel, poivre, un filet de vinaigre. Quelques minutes avant de servir, ajoutez un peu de moutarde.

Céleri.

Quand il est blanc et bien tendre, il se mange en salade. Il se sert aussi en ragoût avec de la viande; à cet effet, mettez-le cuire une demi-heure dans de l'eau bouillante; ensuite mettez-le dans de l'eau fraîche; faites-le égoutter, et faites-le achever de cuire, dans du bouillon et du coulis; assaisonnez-le de sel, poivre, et dégraissez-le avant de servir.

Céleri au velouté.

Après avoir épluché, lavé et coupé du céleri par petits morceaux, vous le ferez blanchir, puis vous le hacherez et le mettrez dans une casserole, avec du beurre, un peu de sel, poivre et muscade râpée. Ajoutez du velouté et du bouillon; faites réduire, et servez-le avec des croûtons autour.

Navets glacés.

Coupez et tournez des navets dans toute leur grosseur; mettez-les dans une casserole, avec du beurre, et faites leur prendre couleur; ensuite mettez-les dans une autre casserole, avec du velouté, du bouillon, du jus, un peu de sel, du gros poivre, et un petit morceau de sucre. Faites mijoter le tout. Lorsque les navets seront cuits, retirez-les de la sauce que vous laisserez réduire avant de la verser sur les navets.

Laitues pommées et romaines.

Elles se mangent ordinairement en salade. On les

emploie aussi pour faire des entrées ; à cet effet, il faut, après les avoir fait blanchir dans de l'eau et du sel, les mettre égoutter et ensuite finir de cuire dans du bouillon, du coulis, du beurre avec du poivre et du sel. Il faut avoir soin de bien les dégraisser, avant de les servir.

Montants de laitues.

On s'en sert pour faire des entremets, et pour garnir des entrées de viande ; on les fait cuire de la manière suivante.

Après les avoir épluchés, mettez-les cuire dans de l'eau avec une pincée de farine, de beurre, un bouquet garni, des ognons, des racines, du sel. Lorsqu'ils seront cuits, faites-les égoutter et versez dessus une sauce blanche liée avec des jaunes d'œufs et de la crême.

Lorsque l'on veut les manger au gras, il faut, avant de les servir sous de la viande, leur faire prendre goût dans du coulis.

Chicorée blanche.

On la mange le plus souvent en salade, mais quelquefois aussi elle sert à faire des ragoûts. Faites-la alors bouillir dans de l'eau pendant une demi-heure ; après l'avoir fait égoutter, faites-la achever de cuire dans du bouillon ; ajoutez du beurre manié avec un peu de farine, du poivre et du sel, dégraissez-la et dressez dessus du mouton rôti, soit gigot, épaule ou carré.

Cardes poirées.

Épluchez et lavez les cardes, faites-les bouillir dans de l'eau, en les remuant sans cesse, afin qu'elles ne noircissent pas ; mettez-les ensuite égoutter et faites-les bouillir doucement, pendant quelques minutes, dans une sauce blanche, que vous servez sur les cardes, après l'avoir fait lier sur le feu.

Cardons d'Espagne.

Après avoir coupé des cardons de la longueur de trois ou quatre pouces, faites-les bouillir une demi-heure dans de l'eau; mettez-les ensuite dans de l'eau fraîche pour les éplucher. Achevez de les faire cuire avec du bouillon, dans lequel vous aurez délayé une cuillerée de farine; mettez-y du sel, des ognons, des racines, un bouquet de fines herbes, un filet de verjus, un peu de beurre; lorsqu'ils sont cuits, retirez-les pour les mettre dans un bon coulis avec un peu de bouillon; faites-les bouillir une demi-heure dans cette sauce, pour qu'ils prennent goût, et servez-les ensuite.

Si vous voulez les servir au maigre, vous les mettrez dans une sauce, comme nous l'avons indiqué pour les cardes poirées.

Cardons au consommé.

Faites cuire des cardons au blanc; après les avoir fait égoutter, mettez-les dans une casserole, versez dessus du consommé, en assez grande quantité pour qu'ils baignent dedans; faites bouillir à grand feu. Lorsque le consommé sera au trois quarts réduit, servez.

Cardons en velouté.

Faites cuire des cardons dans un blanc, nettoyez et parez-les, mettez-les dans une casserole avec du poivre, du velouté et du consommé. Faites cuire à grand feu; lorsque la sauce sera réduite de moitié, vous dresserez les cardons, et verserez la sauce dessus.

Salsifis.

Nettoyez les salsifis et mettez-les à mesure dans de l'eau et du vinaigre blanc; faites-les cuire ensuite avec de l'eau, du beurre, du sel et du vinaigre blanc; quand ils seront cuits vous les égoutterez et les servirez dans une sauce blanche ou brune.

Salsifis frits.

Faites-les cuire dans une casserole avec de l'eau, du beurre, du sel et du vinaigre blanc; faites-les égoutter, sautez-les dans une sauce blanche, trempez-les dans de la pâte à frire; faites-les frire et servez.

Scorsonères.

Ils se traitent comme les salsifis.

Artichauts.

On les emploie fréquemment en cuisine; ils servent à faire des entremets et à garnir toutes sortes de ragoûts.

Les artichauts se mangent communément après avoir coupé le dessous et coupé à moitié les feuilles de dessus; on les fait cuire dans de l'eau avec un peu de sel et un bouquet de fines herbes; quand ils sont cuits, on les met égoutter, et on leur ôte le foin. Servez avec une sauce blanche.

Ces mêmes artichauts, cuits et refroidis, se mangent aussi à l'huile, avec sel, poivre et vinaigre.

Les petits artichauts verts se mangent à la poivrade; on les met sur une assiette avec un peu de glace.

Artichauts à la barigoule.

Coupez-en le vert de dessous, et la moitié des feuilles; mettez-les dans une casserole, avec du bouillon ou de l'eau, deux cuillerées de bonne huile, un peu de sel et du poivre, un ognon, des racines, un bouquet garni. Quand ils sont cuits, et qu'il n'y a plus de sauce, laissez-les frire un moment dans l'huile, mettez-les ensuite sur une tourtière avec l'huile qui reste dans la casserole; videz-les de leur foin et mettez dessus un couvercle de tourtière bien chaud, du feu sur le couvercle pour faire griller les feuilles; quand ils seront grillés d'une belle couleur, servez avec une sauce à l'huile, vinaigre, sel et gros poivre.

Asperges.

Elles se mangent de plusieurs façons; on en fait des ragoûts pour garnir des entrées de viande et de poisson; elles se servent communément pour entremets avec une sauce blanche ou avec de l'huile, du vinaigre, du sel, et du poivre. N'importe à quelle sauce on veuille les manger, il faut les faire cuire d'abord dans de l'eau et du sel.

Asperges en petits pois.

Coupez des asperges par morceaux de la grosseur d'un pois, faites-les blanchir dans de l'eau et du sel; mettez-les dans de l'eau froide; faites-les égoutter; ensuite faites-les revenir dans une casserole, avec du beurre, du sel et du poivre, ajoutez un peu de farine, mouillez avec du bouillon. Pour servir, liez la sauce avec des jaunes d'œufs.

Potiron en fricassée.

Épluchez et faites cuire le potiron dans de l'eau; mettez-le ensuite dans une casserole avec un morceau de beurre, persil, ciboule, sel et poivre; quand il a bouilli un quart d'heure et qu'il ne reste plus de sauce, mettez-y une liaison de jaunes d'œufs avec de la crème.

Concombres.

On s'en sert pour les ragoûts, pour les potages gras ou maigres, et on les confit à peu près comme les cornichons.

Concombres à la crême.

Après avoir épluché des concombres, coupez-les par petits morceaux carrés; mettez-les dans de l'eau bouillante; ajoutez du sel. Lorsqu'ils fléchiront sous le doigt, mettez-les dans de l'eau froide, faites-les égoutter, et mettez-les dans une sauce à la crême.

Concombres farcis.

Épluchez et videz des concombres ; emplissez-les de farce cuite ; faites-les cuire dans une casserole foncée de bardes de lard, des tranches de veau, du thym, du laurier, des carottes et des ognons. Couvrez-les de bardes de lard, mouillez avec du bouillon ; faites cuire à petit feu. Pour servir, dressez-les sur une sauce espagnole réduite.

Épinards.

Après les avoir épluchés et lavés, mettez-les cuire dans de l'eau ; ensuite faites-les égoutter, hachez-les et faites-les bouillir dans une casserole avec du beurre, une pincée de farine et du sel. Mouillez avec de la crème.

Lorsque l'on veut les accommoder au gras, il faut les mouiller avec du jus de veau ou du coulis. On peut aussi les manger au maigre, en y mettant du sucre au lieu de sel.

Pommes de terre à l'anglaise.

Faites cuire des pommes de terre dans de l'eau et du sel ; ensuite épluchez-les, coupez-les par tranches, et sautez-les dans du beurre tiède avec du poivre et du sel.

Pommes de terre à la maître-d'hôtel.

Elles se préparent et se servent de la même manière que les pommes de terre à l'anglaise, seulement on ajoute au beurre, des fines herbes et du jus de citron.

Pommes de terre à la crême.

Faites cuire des pommes de terre dans de l'eau et du sel, ensuite coupez-les en tranches et mettez-les dans une sauce faite avec du beurre, un peu de farine, du sel, du poivre, du persil et de la ciboule bien hachés ; ajoutez de la crême, tournez la sauce jusqu'à ce qu'elle bouille et servez.

Pommes de terre à la lyonnaise.

Après avoir fait cuire des pommes de terre dans de l'eau et du sel, coupez-les en tranches, mettez-les dans une casserole, versez dessus une purée d'ognons très claire; ensuite coupez des ognons en tranches, faites-les revenir dans du beurre, ajoutez un peu de farine, du sel, du poivre, un filet de vinaigre, mouillez avec du bouillon et faites cuire à petit feu. Sautez les pommes de terre dans cette sauce et servez.

Pommes de terre à la provençale.

Mettez du beurre dans une casserole; versez dessus trois cuillerées à bouche d'huile, avec le zeste de la moitié d'une écorce de citron, du persil et de la ciboule bien hachés, une petite pincée de farine, du sel, du gros poivre; épluchez des pommes de terre sortant de l'eau bouillante; coupez-les en quatre, remuez-les sur le feu dans l'assaisonnement, sans les faire bouillir; au moment de servir, ajoutez du jus de citron.

Topinambours.

Faites-les cuire dans de l'eau, pelez-les et mettez-les dans une sauce blanche avec de la moutarde.

Betteraves.

Les betteraves se font cuire dans de l'eau et au four; on les mange en salade et en fricassée. Pour les fricasser on les met dans une casserole avec du beurre, du persil et de la ciboule hachés, un peu d'ail, une pincée de farine, du poivre, du sel, un filet de vinaigre; faites-les bouillir un quart d'heure et servez.

Cornichons.

Brossez des cornichons en ayant soin de ne pas les écorcher; mettez-les dans des pots de grès, avec du poivre-long; de la passe-pierre, de l'estragon, des clous de girofle, des petits ognons; faites ensuite bouillir du vinaigre avec du sel, versez-le bien chaud sur les cornichons; recommencez à faire bouillir le vinaigre et à le verser sur les cornichons jusqu'à ce qu'ils soient bien croquants, ensuite bouchez les pots avec du parchemin.

Champignons, Morilles et Mousserons.

Les meilleurs sont ceux qui viennent sur couche; l'on peut en avoir des frais toute l'année. Quant aux morilles et aux mousserons, ils naissent dans les bois, et se trouvent aux pieds des arbres aux mois de mars et d'avril. Ils entrent dans une infinité de sauces et ragoûts.

Pour avoir des morilles et des mousserons toute l'année, il faut les faire sécher; après avoir ôté le bout de la queue et les avoir lavés, vous les faites bouillir un instant dans l'eau; quand ils sont égouttés, vous les mettez sécher dans un four; étant secs, vous les serez dans un endroit qui ne soit point humide. Pour les employer, faites-les tremper dans l'eau tiède.

Champignons à la crême.

Mettez vos champignons dans une casserole avec un morceau de beurre, un bouquet de persil, ciboule; une pincée de farine, et mouillez avec de l'eau chaude, un peu du sel et de sucre; quand ils sont cuits et qu'il n'y a plus de sauce, mettez-y une liaison de jaunes d'œufs et de crême, ensuite dressez le ragoût sur une croûte de pain frite dans du beurre.

Câpres grosses et fines.

Les grosses servent ordinairement pour les sauces où il faut des câpres hachées; les fines s'emploient toujours à garnir des salades cuites et à mettre dans les sauces.

Capucines.

On s'en sert pour orner des salades.

Truffes.

Elles se mangent ordinairement cuites dans du vin et du bouillon, assaisonnées de sel, poivre, racines et ognons; on ne les met cuire dans ce court bouillon qu'après les avoir fait tremper dans de l'eau tiède et frottées avec une brosse; quand elles sont cuites on les sert sous une serviette.

Elles sont excellentes dans toutes sortes de ragoûts, soit hachées ou coupées en tranches, après les avoir pelées.

Truffes à la maréchale.

Lavez et frottez des truffes avec une brosse; mettez chacune, assaisonnée de sel, gros poivre, enveloppée de plusieurs morceaux de papier, dans une marmite sans aucun mouillement, cuire à petit feu pendant une heure, et servez-les chaudes.

Thym, Laurier, Basilic, Sarriette et Fenouil.

Le thym, laurier, basilic, servent à mettre dans tous les bouquets où il est dit de mettre des fines herbes; la sarriette ne sert guère que pour les fèves de marais; le fenouil sert pour les ragoûts; on le fait cuire un moment dans l'eau; quand il est égoutté, on le met sur la viande qui lui est destinée, sans qu'il trempe dans la sauce.

Cresson alénois, Cresson de fontaine, Cerfeuil, Estragon, Baume, Corne de cerf et Pimprenelle.

Le cresson de fontaine se sert autour d'une poularde ou chapon cuit à la broche; on l'assaisonne de sel et de vinaigre.

Le cresson alénois, le cerfeuil, l'estragon, le baume, la corne de cerf et la pimprenelle servent pour les garnitures de salades; l'on fait aussi avec de petites sauces vertes.

Mettez, en général, peu de baume et d'estragon dans

les ragoûts ; ces herbes étant d'un plus haut goût que les précédentes, on les fait bouillir un instant dans de l'eau, ensuite, après les avoir hachées très fines, on les met dans du coulis pour s'en servir au besoin.

Ail, Rocambole, Échalote.

On ne s'en sert habituellement que pour mettre dans des sauce d'un haut goût.

CHAPITRE XIII.

PATISSERIE.

Afin de ne pas multiplier les chapitres, nous avons classé à la fin de celui-ci beaucoup d'articles qui n'appartiennent pas précisément à la pâtisserie ; mais qui s'y rattachent cependant de manière à ce qu'il ne résulte de ce procédé aucune confusion ; tels sont le pudding, les beignets, les charlottes, etc.

Pâte à dresser.

Prenez un litre de farine, demi-livre de beurre, quatre jaunes d'œufs, deux blancs, demi-once de sel, un peu d'eau. Pétrissez le tout ensemble et incorporez bien ; laissez reposer une demi-heure.

Pâte brisée.

C'est la même pâte que la précédente, avec ces différences qu'on y met une quantité double de beurre et un œuf de plus par litre de farine. Il faut la tenir plus molle ; elle s'emploie pour diverses espèces de gâteaux.

Pâte feuilletée.

Prenez un litre de farine, une demi-once de sel, un

blanc d'œuf, un verre d'eau, gros comme un œuf de beurre. Pétrissez à la main. Après un quart d'heure, aplatissez, étendez dessus une demi-livre de beurre, ployez les deux bouts pour renfermer le beurre dedans. Laissez reposer nne demi-heure, donnez-lui deux tours au rouleau. Reposez vingt minutes. Donnez deux tours encore et servez-vous-en.

Pâtés froids.

Chauffez le four en proportion de la grosseur. Les grosses pièces doivent être, ainsi que la farce, cuites à moitié dans une braise. Le jambon aux trois quarts. Toutes les pièces seront lardées et épicées.

Servez-vous de pâte à dresser; si la croûte prend trop de couleur, entourez-la d'un papier beurré.

Pâtés chauds.

Prenez de la pâte feuilletée; emplissez de godiveaux et autres garnitures cuites aux trois quarts, avec épices et enfournez. Les écrevisses se placent dans le pâté au moment où on le retire du four.

Les tourtes, vole-au-vent, se font de la même manière. Quand on veut que la prière ait plus de consistance, on se sert de pâte brisée.

Petits pâtés.

Aplatissez de la pâte feuilletée de l'épaisseur et diamètre d'une pièce de cinq francs pour chaque petit pâté. Mettez au milieu gros comme une noix de hachis de veau, volaille et graisse de bœuf. Recouvrez d'un morceau de pâte plus mince; dorez et enfournez.

Gâteau d'amandes.

Pesez un nombre d'œufs avec leurs coquilles, prenez même poids de farine, même de beurre, même de sucre râpé. Pilez même poids d'amandes douces, ajoutez un peu de zeste de citron. Employez les œufs, blanc et jaune, pilez le tout dans un mortier pour obtenir une pâte. Beurrez le fond d'une tourtière et faites à petit feu dessus et dessous.

Gâteau de Savoie.

Prenez huit œufs, une livre de sucre, une demi-livre de farine; cassez les œufs, et séparez les jaunes avec un peu de fleur d'oranger et battez le tout ensemble. D'autre part fouettez les blancs jusqu'à ce qu'ils soient en neige. Mêlez bien le tout; versez-le dans un moule bien beurré, et mettez-le au four doux.

Nougat.

Trois quarts d'amandes douces, un quart d'amères. Dix-minutes dans l'eau bouillante, ôtez la peau, faites sécher, et coupez-les en petits morceaux. Pilez du sucre à poids égal et faites-le cuire à caramel (blond foncé); jetez vos amandes dedans et remuez; retirez du feu avant que la couleur se fonce. Frottez d'huile toutes les parois intérieurs d'une casserole, et placez-y par couches minces vos amandes. Cette opération demande à être faite très vite. Renversez ensuite sur un plat.

Brioches.

Pétrissez de la farine avec un peu de levure de bière et d'eau chaude. Que votre pâte soit très molle; laissez-la lever, une demi-heure en hiver, point en été. Pétrissez deux tiers en sus de farine avec sel pilé, œufs, beurre, eau tiède. Etendez cette pâte, jetez dessus celle qui est levée, repétrissez le tout ensemble, enveloppez d'une serviette, laissez reposer huit heures. Faites ensuite vos brioches avec cette pâte que vous mouillerez pour la façonner et mettez au four.

Biscuits en caisse et à la cuillère.

Cinq œufs, une livre un quart de sucre en poudre, trois onces de farine, fleur d'orange pralinée, hachée

avec zeste de citron râpé dans le sucre. Battez le tout.
Les blancs d'œufs doivent être battus à part, jusqu'à
leur plus forte consistance. Mêlez le tout, et remplissez
rapidement les caisses de papier disposées d'avance.
Glacez le dessus en saupoudrant du sucre avec un tamis. Faites cuire au four à une chaleur très douce.

Pour les biscuits à la cuillère, on répand simplement
de la pâte avec une cuillère sur des feuilles de papier
blanc que l'on enfourne.

Massepains et macarons.

Prenez une livre d'amandes douces, une livre de sucre et quelques amandes. Jetez les amandes dans l'eau
bouillante, afin d'en ôter facilement la pellicule ; pilez-
les dans un mortier, et faites-en une pâte très-fine, en
jetant dessus de temps en temps un peu de blanc d'œuf ;
cela fait, clarifiez le sucre : retirez ensuite votre pâte
d'amandes ; enlevez votre bassine de dessus le feu,
et y versez votre pâte d'amandes ; remettez la bassine sur des cendres chaudes, et remuez sans discon-
tinuer, pour que la pâte ne brûle pas. Vous jugerez
que votre pâte est bien faite, lorsque, après en avoir mis
un peu sur le dos de la main, vous pourrez l'enlever
sans qu'elle s'y attache ; alors mettez-la sur une table
saupoudrée de sucre. La pâte étant refroidie, vous l'é-
tendrez de sorte qu'elle n'ait que l'épaisseur d'une
pièce de deux francs. Taillez-la par morceaux ronds ou
carrés ; posez ces morceaux sur des feuilles de papier,
et enfournez au four doux.

Baba.

Prenez un litre de fleur de farine, demi-once de sel,
cinq œufs, jaune et blanc, un quarteron et demi de beurre,
une pincée de safran en poudre, un quarteron et demi
de raisin confit, demi-quarteron de raisin de Corinthe,
un peu de levure. Marinez le tout avec un peu d'eau
tiède. Mettez cette pâte, molle et bien liée, dans une

casserole beurrée, et laissez reposer six heures en hiver, deux en été. Quand elle sera gonflée, faites cuire au four comme la brioche.

Gaufres.

Prenez quatorze onces de farine et six onces de crême fraîche; une livre de sucre en poudre et quatre gros de fleur d'orange; battez la farine avec la crême; quand il ne reste plus de grumeaux, jetez-y le sucre; ajoutez-y de la crême et mettez l'eau de fleur d'oranger, en sorte que votre mélange soit presque aussi clair que du lait; faites chauffer le gaufrier et graissez-le avec un pinceau trempé dans du beurre frais fondu dans une casserole de terre; mettez une cuillerée et demie de mélange pour former la gaufre, et pressez un peu le fer; posez-le sur du charbon allumé dans un fourneau, et quand la gaufre est cuite d'un côté, vous retournez le fer de l'autre.

Frangipane.

Mettez deux ou trois œufs dans une casserole, autant de farine que les œufs en peuvent boire; délayez, mouillez avec du lait, laissez cuire un quart d'heure en tournant toujours; assaisonnez de sucre, fleur d'orange, macarons écrasés.

Cette préparation sert à garnir des tartes et tartelettes faites avec de la pâte feuilletée.

Pâte à frire.

Délayez dans l'eau tiède où vous avez fait fondre un peu de beurre, une quantité de farine avec du sel. Ajoutez petite quantité d'huile, mettez blancs d'œufs battus en neige, remuez et employez dans la journée.

Beignets de pommes.

Pelez, coupez en rondelles en ôtant le cœur, marinez dans l'eau-de-vie avec sucre et citron; passez dans la pâte. (Voyez *Pâte à frire*), et faites frire de belle couleur.

Les beignets de pêches et d'oranges se font de la même manière.

Pets de nonne.

Mettez dans une casserole deux demi-setiers d'eau, sucre, zeste de citron. Faites bouillir un quart d'heure ; ôtez le citron, saupoudrez de farine en tournant avec une cuillère jusqu'à ce que la pâte soit cuite, demi-heure au moins. Tirez du feu, cassez-y un œuf, tournez pour l'incorporer parfaitement. Prenez-en la grosseur d'une noix pour chaque, et jetez dans la friture bouillante.

Charlotte de pommes.

Coupez des tranches de mie de pain très minces, et garnissez-en un moule bien beurré, tant au fond que sur les parois. Remplissez le moule avec de la marmelade de pommes (Voyez *Marmelades*, au chapitre de l'office). Recouvrez la marmelade avec des tranches de mie de pain, de manière à ce que cette marmelade soit bien enfermée de toutes parts par le pain. Mettez le moule ainsi rempli sur un feu doux, et couvrez-le avec un four de campagne bien chaud. Lorsque la charlotte aura pris une belle couleur, renversez-la sur un plat, et la servez sur-le-champ.

Pudding à la pâte.

Faites une bouillie épaisse, avec farine, lait et sel. Retirez, ajoutez beurre et sucre, jaunes d'œufs en quantité, moitié autant de blancs. Battez, mêlez, versez dans une timbale. Feu dessous, feu dessus. Laissez cuire pendant une demi-heure.

Pudding à la moelle.

Écrasez quatre onces de biscuit dans un verre de lait, mêlez huit jaunes et quatre blancs d'œufs battus séparément. Ajoutez deux onces de sucre en poudre, moelle de bœuf hachée, un petit verre d'eau-de-vie, un de vin de liqueur, de l'eau de fleur d'orange, une cuillerée de fécule. Faite bouillir et épaissir. Versez dans une timbale, et comme ci-dessus.

CHAPITRE XIV.

DE L'OFFICE.

Combat gastronomique.

Les boissons chaudes, aromatisées et alcooliques, comme les punchs de diverses espèces, appartenant essentiellement a l'o... , nous avons cru devoir précéder cette partie importante de l'a t culinaire de quelques instructions à l'usage de tous.

Il est délicat de parler de l'ivresse, dit le vénérable auteur du Code Gourmand, parce qu'on ne s'entend pas bien sur les mots : on ne devrait jamais confondre la griserie avec l'ivresse. Tous les grands hommes de l'antiquité, les sages, les philosophes des temps modernes ont aimé le doux jus de la vigne sous ses divers aspects. Les poètes l'ont chanté avec amour. Caton, le grave Caton, au dire d'Horace, était parfois *pompette*, et Hippocrate recommande en principe de se griser une fois au moins chaque mois. Dans ces circonstances, il est sage de ne pas oublier les préceptes du maître. Ecoutez donc, sages gastronomes, le récit que fait Brillat-Savarin de la victoire que lui et deux autres Français remportèrent, en Amérique, contre deux Jamaïcains dans un combat gastronomique digne des héros d'Homère. Après avoir raconté les savantes manœuvres des deux premiers services, le savant professeur s'exprime ainsi :

« Le dessert était arrivé, composé de beurre, de fromage, de noix de coco et d'ycory. Ce fut alors le moment des toasts, et nous bûmes amplement au pouvoir des rois, à la liberté des peuples, à la beauté des dames; nous portâmes, avec M. Wilkinson, la santé de sa fille Mariah, qu'il nous assura être la plus belle personne de l'île de la Jamaïque.

« Après le vin arrivèrent les *spirits*, c'est-à-dire le rhum et les eaux-de-vie de vin, de grains et de framboises ; avec les spirits, les chansons : et je vis qu'il allait faire chaud. Je craignais les spirits ; je les éludai en demandant du punch ; et Little nous en apporta un bol, sans doute préparé d'avance, qui aurait suffi pour quarante personnes. Nous n'avons point, en France, de vases de cette dimension.

« Cette vue me rendit le courage ; je mangeai cinq à six rôties d'un beurre extrêmement frais, et je sentis renaître mes forces. Alors je jetai un coup d'œil scrutateur sur tout ce qui m'environnait, car je commençais à être inquiet sur la manière dont tout cela finirait. Mes deux amis me parurent assez pris ; ils buvaient en épluchant des noix d'ycory. M. Wilkinson avait la face rouge-cramoisi, ses yeux était troubles, il paraissait affaissé ; son ami gardait le silence, mais sa tête fumait comme une chaudière bouillante, et sa bouche immense s'était formée en cul de poule. Je vis bien que la catastrophe approchait.

« Effectivement, M. Wilkinson, s'étant réveillé comme en sursaut, se leva, et entonna d'une voix assez forte l'air national *Rule Britannia* ; mais il ne put jamais aller plus loin, ses forces le trahirent, il se laissa retomber sur sa chaise, et de là coula sous la table. Son ami, le voyant en cet état, laissa échapper un de ses plus bruyants ricanements, et, s'étant baissé pour l'aider, il tomba à côté de lui.

« Il est impossible d'exprimer la satisfaction que me causa ce brusque dénouement et le poids dont il me débarrassa. Je me hâtai de sonner. Little monta, et, après lui avoir adressé la phrase officielle : « Voyez à ce que ces gentlemen soient convenablement soignés, » nous bûmes avec lui un dernier verre de punch à leur santé. Bientôt le *waiter* arriva, aidé de ses sous-ordres, et ils s'emparèrent des vaincus, qu'ils transportèrent chez eux, les pieds les premiers, suivant la règle. »

Cet avertissement et cet exemple donnés, nous entamons en toute sécurité le chapitre de l'office.

Blanc-manger.

Jetez dans l'eau bouillante une demi-livre d'amandes, dont un quart d'amandes amères. Retirez aussitôt et enlevez la peau. Essuyez Réduisez en pâte dans un mortier, en y mêlant peu à peu une cuillerée d'eau froide. Mêlez ensuite avec deux onces d'eau ; passez sans un linge, et ajoutez un quarteron et demi de sucre en poudre. Battez légèrement six blancs d'œufs, versez dessus le lait d'amandes ; mettez à un feu doux, et fouettez de manière à former crème.

Crème à la fleur d'oranger.

Une demi-livre de sucre, deux pintes de lait, faites bouillir. Retirez, ajoutez douze jaunes et trois blancs d'œufs bien battus ; plus, six cuillerées de fleur d'orange. Faite prendre au bain-marie.

Crème au café.

Procédez comme à l'article précédent sans mettre de fleur d'oranger. Faites brûler du café en grains, et jetez-le brûlant dans la crème. Retirez ces grains au bout d'un quart d'heure, et faites prendre la crème au bain-marie.

Crème au chocolat.

Procédez comme ci-dessus ; jetez du chocolat râpé dans la crème, et laissez bouillir un instant.

Le petits pots de toutes sortes de crèmes se font de la même manière, avec cette différence qu'avant de faire prendre la crème on la verse dans de petits pots qu'on met ensuite au bain-marie.

Crème fouettée.

Battez de la crème avec une demi-livre de sucre en poudre, un blanc d'œuf battu et une cuillerée de fleur d'orange par pinte, fouettez le tout ; quand le tout forma une masse compacte, on le dresse sur un plat, et on le décore de petits morceaux d'orange et d'angélique.

Glaces.

Toutes les espèces de glaces à la crème se font comme les crèmes au chocolat, au café, etc., dont nous venons de parler, avec cette différence qu'au lieu de faire prendre la composition au bain-marie, on la verse dans une sorbetière d'étain ; on entoure cette sorbetière de glace pilée mêlée de sel ou de salpêtre, et on donne à la sorbetière un mouvement rapide de rotation sur elle-même. De temps en temps on en ôte le couvercle pour détacher la composition qui s'attache aux parois intérieures, et à mesure que cette composition se solidifie, on la remue fortement avec une spatule.

Les glaces aux fruits se font de la même manière. Au lieu de crème, c'est le jus d'un fruit quelconque qu'on mêle avec du sucre, et qu'on fait glacer comme nous venons de le dire.

Compote blanche de pommes.

Coupez par la moité des pommes de reinette, dont vous ôterez la peau et les pepins ; jetez-les à mesure dans de l'eau fraîche ; faites-les cuire avec un grand verre d'eau, le jus de la moitié d'un citron, et du sucre ; lorsque les les pommes sont cuites, dressez-les dans un compotier ; faites réduire le sirop jusqu'a ce qu'il devienne collant, et versez-le sur les pommes.

Compotes de poires de bon chrétien, de doyenné, de vigoureuse, et de Saint-Germain.

Faites blanchir des poires dans de l'eau bouillante ; mettez-les ensuite dans de l'eau froide, et pelez-les. Faites bouillir du sucre et un peu d'eau dans une poêle, avec les poires et une tranche de citron, ôtez les poires dès qu'elles sont cuites ; faites réduire le sirop et versez-le sur les poires.

Les compotes de poires de rousselet et de blanquette, se font de la même manière, excepté qu'il faut les laisser entières.

Compote de coings.

Coupez des coings et ôtez-en les cœurs ; faites-les blanchir comme les poires de bon chrétien ; enlevez la pelure ; mettez-les ensuite dans une poêle, avec du sirop de sucre et du jus de citron ; laissez achever de cuire les coings ; arrangez-les dans le compotier et versez dessus le sirop un peu épais.

Compote de cerises.

Coupez le bout des queues des cerises et mettez-les dans une poêle avec de l'eau et du sucre ; mettez-les sur le feu et leur faites faire deux ou trois bouillons couverts ; arrangez-les ensuite dans un compotier, versez le sirop par-dessus, et les servez froides.

Compote de fraises.

Faites cuire du sucre dans de l'eau ; laissez bouillir

jusqu'à ce que le sirop soit bien fort; il faut avoir soin de le bien écumer. On y met des fraises pas trop mûres, épluchées, lavées et bien égouttées. Otez le sirop de dessus le feu, afin qu'il reste quelques minutes sans bouillir, remettez-le sur le feu et quand il aura bouilli quelques instants retirez-le définitivement.

Compote de groseilles.

Faites un sirop bien fort; mettez-y des groseilles lavées et épluchées; faites-leur faire trois bouillons couverts; ôtez-les du feu, écumez-les avant de les dresser dans le comptoir.

Compote de framboises.

Elle se fait de la même manière que la compote de fraises, excepté qu'il ne faut pas laver les frambroises.

Compote d'abricots.

Faites blanchir des abricots dans de l'eau bouillante; quand ils seront mollets, retirez-les avec une écumoire; mettez-les dans de l'eau fraîche. Faites bouillir du sucre dans de l'eau; mettez-y les abricots; faites les bouillir quelques minutes, écumez-les, et mettez-les dans le compotier. Cassez les noyaux; faites blanchir les amandes, et posez une moitié sur chaque moitié d'abricot. Ces derniers doivent être coupés en deux.

Compote de pêches.

Elle se fait de la même manière que la compote d'abricots.

Compote de prunes de reine Claude, de Mirabelle, de Perdrigon et autres.

Faites blanchir des prunes dans de l'eau; quand elles seront bien molles sous les doigts, vous les retirez avec une écumoire et les mettez dans de l'eau fraîche; mettez-les ensuite dans une poêle avec un peu de sucre clarifié, sur un petit feu, qu'elles puissent frissonner et devenir bien vertes, et servez froides.

Compote de citrons, oranges.

Il faut les couper par petits morceaux, et les faire bien cuire dans l'eau jusqu'à ce qu'ils soient bien mollets sous les doigts, vous les retirez avec une écumoire, et les mettez dans l'eau fraîche. Faites ensuite un petit sirop avec de l'eau, du sucre, vous mettez les écorces dedans pour les faire mijoter tout doucement sur un petit feu, pendant une demi-heure, et servez froid.

Marmelade d'abricots.

Coupez, le plus mince possible, des abricots pas trop mûrs, et mettez-les à mesure dans un chaudron ; cassez les noyaux, ôtez-en la peau, et les coupez très fin pour les mettre aussi avec les abricots ; ajoutez du sucre en poudre ; mettez le chaudron sur un feu clair, remuez toujours avec une écumoire, de crainte que la marmelade ne s'attache. Lorsque les abricots sont aux trois quarts cuits, écrasez les morceaux qui sont restés entiers, remettez la marmelade sur le feu, et faites-la cuire jusqu'à ce qu'elle se colle aux doigts sans trop de résistance.

Marmelade de prunes.

Otez les noyaux des prunes que vous voulez employer ; faites-les bouillir avec un peu d'eau jusqu'à ce qu'elles se mettent en marmelade ; passez cette marmelade au tamis, remettéz-le sur le feu jusqu'à ce qu'elle soit prête à s'attacher à la poêle ; ensuite pesez-la et mettez bouillir dans de l'eau un poids de sucre égal à celui de la marmelade ; faites-le écumer ; vous saurez quand il sera cuit en trempant deux doigts dans de l'eau fraîche, ensuite dans le sucre, et après dans de l'eau froide ; si le sucre resté à vos doigts se casse net, délayez la marmelade avec le sucre et mettez-la sur le feu, en la couvrant toujours jusqu'à ce qu'elle frémisse ; mettez-la dans des pots quand elle est froide ; jetez un peu de sucre fin dessus.

Marmelade de poires:

Mettez des poires de rousselet dans de l'eau, et faites-les bouillir jusqu'à ce qu'elles soient tendres sous le doigt ; ôtez-en la peau et n'en prenez que la chair que vous passez dans un tamis ; mettez-la sur le feu et la remuez toujours jusqu'à ce qu'elle soit près de s'attacher à la poêle ; ensuite vous la pesez et mettez autant de sucre dans une poêle avec un peu d'eau ; faites bouillir et écumer ; continuez de faire bouillir jusqu'à ce que, trempant l'écumoire dedans et la secouant, il s'enlève de longues étincelles qui se tiennent ensemble ; mettez-y la marmelade pour la délayer avec le sucre sur le feu ; quand elle commencera à frémir, vous la mettrez dans les pots, et quand elle sera froide, vous mettrez par-dessus un peu de sucre fin.

Marmelade de pommes.

Elle se fait de la même manière que la marmelade de poires.

Raisiné.

Égrenez du raisin ; écrasez-le, et mettez-le à mesure dans un chaudron que vous poserez sur un feu clair ; à mesure qu'il bout, ôtez-en les pepins avec l'écumoire, laissez-le réduire et diminuez le feu graduellement. Remuez-le souvent avec une spatule de bois, de crainte qu'il ne brûle. Retirez-le ensuite et passez-le dans un linge blanc, en le pressant bien fort avec les mains ; cela fait, remettez-le sur le feu pour lui faire faire quelques bouillons en le tournant continuellement jusqu'à qu'il ait pris assez de consistance, et retirez-le du feu pour le mettre dans des terrines. Quand le raisiné sera à demi-froid, vous le mettrez dans les pots ; il faut les laisser découverts cinq ou six jours, et les couvrir ensuite de papier. Si le papier se moisit, vous l'ôterez, et en remettrez d'autre ; vous continuerez jusqu'à ce que toute l'humidité en soit évaporée, alors il ne se gâte plus, s'il est bien cuit.

Confitures de gelée de groseilles.

Faites clarifier du sucre ; lorsqu'il sera assez cuit, ce que vous connaîtrez si, après avoir trempé et retiré l'écumoire du sirop et soufflant dessus, le sucre vole, mettez-y alors les groseilles que vous aurez préalablement écrasées et passées au tamis. Laissez bouillir le tout pendant quelques instants et mettez ces confitures dans des pots. Il faut avoir soin de mettre dans ces confitures un poids égal de sucre et de groseilles.

Confitures de cerises.

Otez les noyaux et les queues des cerises ; mettez-les dans du sucre préparé de la même manière que pour les confitures de groseilles, remuez-les avec une spatule de bois, jusqu'à ce qu'elles soient cuites, et mettez-les dans des pots.

Les confitures d'abricots se font de la même manière ; seulement, après avoir cassé les noyaux, on fait blanchir les amandes et l'on en pare les pots.

Abricots à l'eau-de-vie.

Faites blanchir des abricots dans de l'eau bouillante, ensuite faites-les bouillir dans du sirop quelques minutes ; avant de les ôter de dessus le feu, ajoutez l'eau-de-vie, puis mettez-les dans des pots.

Les cerises, les prunes et les poires à l'eau-de-vie, se font de la même manière.

Café à l'eau.

Mettez du café en poudre dans de l'eau bouillante ; remuez-le avec une cuillère ; laissez-le clarifier pendant deux heures ; ayez soin que le vase qui le renferme soit exactement fermé ; tirez-le à clair dans un vase de faïence ou de porcelaine ; mais gardez-vous d'en prendre un de fer blanc. Faites chauffer au bain-marie.

Café à la crème.

Faites chauffer du café et du lait séparément, et servez-les de même.

Café au jaune d'œuf.

Délayez un jaune d'œuf dans du café à l'eau très sucré ; faites chauffer au bain-marie ; ajoutez un peu d'eau de fleur d'oranger ; remuez-le jusqu'à ce qu'il soit bien chaud, et servez.

Chocolat.

Délayez-le dans la chocolatière, avec de l'eau bouillante ; ensuite faites-le bouillir en ajoutant de l'eau ou de la crême, en tournant sans cesse le bâton à chocolat. Un instant avant de servir faites le mousser en tournant vivement le bâton.

Thé.

Mettez du thé dans une théière ; versez à diverses reprises de l'eau bouillante dessus ; servez en même temps que le thé, du lait chaud, du pain et du beurre.

CHAPITRE XV.

Art de faire les honneurs d'une table, et de découper les viandes.

Ma chère, je prépare mes entrées.

Il ne suffit pas, pour faire convenablement les hon-neurs d'une bonne table, de ne rien ignorer de ce qui constitue une politesse exquise ; il faut encore, et sur-tout, être doué d'un excellent appétit. Qu'on se réprésente, par exemple, une maîtresse de maison au milieu des convives par elle invités ne touchant que du bout des lèvres aux mets qu'elle offre avec grâce et empressement ; en vain compte-t-elle sur les ressources de son esprit : si son assiette reste garnie, si elle ne peut que sucer d'un air dédaigneux une aile de perdreau, le mal

qu'elle ressent devient aussitôt essentiellement conta-
gieux; le sentiment de bien-être qu'on éprouve en s'as-
seyant à une bonne table s'éteint promptement; les
joies prêtes à éclore s'étiolent, l'esprit s'alourdit; les estomacs se contractent; tout est perdu !

C'est surtout pendant le premier service qu'un maître et une maîtresse de maison doivent donner l'exemple. Malheur à l'amphitryon qu'un estomac faible condamne à une prudente tempérance: l'art du plus grand
artiste culinaire du globe ne saurait le sauver.

Mais s'il est à peu près impossible de réparer le mal
qui peut résulter, dans ces circonstances, d'un estomac
faible, il est possible de le prévenir et de l'atténuer
considérablement: les apéritifs offrent, dans ce cas, de
nombreuses ressources, et parmi eux il n'en est pas de
plus efficace que l'eau de Seltz prise à jeun. Nous con-
naissons une femme de beaucoup d'esprit qui, chaque
fois qu'elle donne à dîner, se prépare à ce grand acte
en vidant, au sortir du lit, une bouteille d'eau de Seltz,
acte préparatoire qui ne manque jamais d'avoir les ré-
sultats les plus satisfaisants. Une de ses amies, l'ayant
surprise un jour au moment où elle ingurgitait avec un
rare courage ce puissant apéritif, s'écria en riant:

— Eh! ma chère, voulez-vous donc vous noyer?

— Non, ma toute belle, répondit l'aimable femme;
seulement, comme j'ai du monde à dîner, je prépare mes
entrées.

Certes, c'est là un grand dévouement; aussi n'avons-
nous pu résister au désir de citer tout d'abord ce grand
exemple. Voici, pour le reste, une savante théorie que
nous empruntons au spirituel et savant auteur du Code
Gourmand:

Il est de rigueur qu'un couvert soit complètement
dressé avant l'arrivée du premier convive.

Les divers verres destinés aux changements de vins
doivent être placés d'avance: c'est un prospectus nécessaire, d'après lequel chaque soif établit son budget.

Le vin ordinaire doit figurer, en été, dans des carafes de cristal frappées de glace ; il donne ainsi à l'œil ce qu'il ne peut offrir au palais.

Des couverts complets de rechange doivent être disposés d'avance sur le buffet voisin de la table : la vue d'un arsenal donne toujours du courage aux combattants.

Il est indispensable de calculer la place des convives d'après leurs capacités respectives, pour obtenir un équilibre complet dans toutes les parties de la table.

Il faut avoir soin de placer les bouteilles aux divers centres de gravité de la table, c'est-à-dire devant les plus robustes buveurs.

Il est important que la salle à manger soit parfaitement chaude en hiver ; elle doit être également bien éclairée : mieux vaut un plat de moins et une bougie de plus.

Dans l'impossibilité de servir lui-même tous les mets et de s'occuper efficacement de tous les convives, l'amphitryon placé avec discernement ceux d'entre ses amis sur l'obligeance et l'adresse desquels il peut compter. Général habile, il doit choisir de dignes aides-de-camp.

L'amphitryon est le roi de la table ; son pouvoir dure autant que le repas, et expire avec lui.

Au dessert, il a droit à une santé au moins, portée par la plus sincère de toutes les reconnaissances, celle de l'estomac.

Prévenant avec les hommes, il peut être galant avec les dames, et risquer auprès de celles qui sont jolies un compliment que le sourire accueille toujours.

En exerçant avec rigueur les lois de l'hospitalité, il veille, en père de famille, au bien-être des estomacs qui se sont confiés à sa sollicitude, rassure les timides, encourage les modestes, provoque les vigoureux.

Il doit toujours s'abstenir de vanter les mets et les vins qu'il offre.

En se levant de table, il jette un coup-d'œil scrutateur sur les verres. S'ils ne sont pas tous entièrement vides, c'est un avertissement pour lui de mieux choisir, à l'avenir, ou ses convives ou son vin.

A ces sages préceptes nous ajouterons, comme complément, ces aphorismes formulées par l'illustre Brillat-Savarin :

« Attendre trop longtemps un convive retardataire est un manque d'égards pour tous ceux qui sont présents.

« Celui qui reçoit ses amis et ne donne aucun soin personnel au repas qui leur est préparé, n'est pas digne d'avoir des amis.

« La maîtresse de la maison doit toujours s'assurer que le café est excellent; et le maître, que les liqueurs sont de premier choix.

« Convier quelqu'un, c'est se charger de son bonheur pendant tout le temps qu'il est sous notre toit. »

L'art de découper les viandes ne peut s'acquérir que par la pratique; on en saurait par cœur toute la théorie qu'on n'en serait pas moins gauche lorsqu'il s'agirait d'en faire l'application. Nous nous bornerons donc à consigner ici quelques notions qui seront suffisantes à un amphitryon novice, s'il est doué du feu sacré entretenu si religieusement par les gastronomes vénérables de l'ordre, dont la devise est : savoir manger, c'est savoir vivre.

I. Le bœuf est la viande la plus facile à découper; rôti ou bouilli, il doit être coupé transversalement et en tranches très minces.

II. Il en est de même du veau. S'il s'agit d'un carré, il faut d'abord lever le filet, puis le rognon, et séparer ensuite les côtelettes. La tête de veau, à quelque sauce qu'on la serve, est toujours très facile à découper; il suffit donc de savoir que les yeux, puis les oreilles sont les parties les plus estimées, et qu'il faut servir avec chaque morceau de la tête une partie de la cervelle.

III. Il en est du carré de mouton comme du carré de veau. Quant au gigot, on en saisit le manche de la gauche; on tient le gigot couché horizontalement, et on coupe dans le même sens des tranches très minces dans la partie la plus charnue. On peut aussi tenir le gigot droit, le manche en l'air et couper les tranches dans leur longueur. Ce procédé est plus économique, mais il est moins distingué. L'épaule se découpe comme le gigot.

IV. Pour dépecer un cochon de lait, on commence par séparer la tête du tronc; on enlève successivement une épaule et une cuisse du même côté; on détache la peau du corps, afin d'en servir une partie avec chaque morceau, puis on détache ces deux autres membres, et on sépare chacun d'eux par quatre morceaux, et les carrés par morceaux de deux côtelettes.

V. Les chapons, poulets ou poulardes étant sur le dos, on saisit l'animal avec la fourchette à la hauteur de la cuisse gauche, et l'on détache l'aile du même côté, puis l'aile droite, les deux cuisses, les filets, le croupion. Les parties les plus estimées sont les ailes, les filets. Les dindons se découpent de la même manière, mais il faut, après en avoir levé les membres, diviser ces derniers en plusieurs morceaux. Si le dindon est truffé, on sert des truffes avec chaque morceau.

VI. Aux canards et aux oies, on commence par lever les filets qu'on nomme aussi aiguillettes, et qui sont les morceaux les plus estimés, et l'on opère du reste comme pour le dindon.

VII. *Le gibier-plume* se décompose comme la volaille. Pour le lièvre on commence par le diviser en trois parties; la première section se fait au-dessus des épaules, la seconde à la naissance des cuisses. Le râble se trouve ainsi détaché. On le coupe en plusieurs morceaux; c'est la partie la plus estimée de l'animal. On lève ensuite les membres et on ouvre la tête. Le lapin se découpe comme le lièvre.

VIII. Il faut bien se garder de se servir d'un couteau pour dépecer le poisson. C'est avec une truelle d'argent qu'on opère : on trace, avec le tranchant de la truelle, une ligne longitudinale sur l'animal, puis on enlève les parties latérales avec le plat de l'instrument, et l'on divise ces parties avec le tranchant.

Nous le répétons en finissant, ces instructions pourront être fort peu efficaces; c'est surtout en pareille matière que le goût est un grand maître.

NOTICE SUR LES VINS.

Une discussion digne de la plus haute attention, mais que nous ne pouvons qu'effleurer ici, est la question de savoir à quels vins on doit donner la préférence, soit pour le goût, soit pour l'influence sur la santé. Ce dernier article est plus facile à déterminer que l'autre, parce qu'on ne peut asseoir de règles positives pour le goût, dont les sensations sont toujours relatives aux individus. Ainsi, tel gourmet préfère la saveur âpre et mordante de l'austère Bordeaux ; tel autre, l'aromate délicat du Champagne ; celui-ci le bouquet généreux du Bourgogne ; celui-là, l'ardeur spiritueuse des vins de Languedoc. Mais, sans qu'on s'en rende compte à soi-même, ces goûts sont plus fondés qu'on ne pense sur des raisons de santé ; et la nature, bonne mère, nous indique, en nous les inspirant, les moyens les plus propres à conserver par eux notre santé. Ainsi, le sanguin sent le besoin d'un vin léger, humectant, tel que le Champagne ou le vin du Rhin ; le flegmatique, celui d'un vin spiritueux, ardent, qui s'empare du flegme dont il surabonde : tels sont les vins du Languedoc et du Dauphiné. Le mélancolique veut un vin doux qui le restaure promptement, et répande dans son système nerveux une douce hilarité ; et c'est pour lui que furent destinés les vins que produisent l'Italie, l'Espagne, le Roussillon et la Bourgogne ; enfin, il faut au bilieux, ordinairement doué d'un grand appétit et absorbé par la contention d'un travail habituel, un vin généreux, mais dont l'esprit soit enchaîné par une abondante partie extractive ; un vin austère, agissant à la fois comme astringent sur la fibre, et comme dissolvant sur la bile : or, telle est la propriété du Bordeaux. Par je ne sais quelle injustice, malheureusement accréditée en une prévention difficile à déraciner, on accuse les vins de ce terroir d'être froids, c'est la calomnie la plus étrange à la fois et la moins méritée. Toutes choses égales d'ailleurs, et abstraction faite de la convenance respective des vins aux divers tempéraments et aux goûts, le Bordeaux seul a le privilége exclusif d'être d'une facile digestion, et de laisser la tête calme, quoique bu à haute dose, et d'être transportable aux plus grandes distances ; au lieu que le Bourgogne, qui n'émigre que difficilement, exalte facilement la tête, et provoque à la galanterie ; de même que le Champagne, qu'on ne peut transporter, agite les nerfs et donne de l'esprit... à ceux qui en ont.. En un mot, le Bourgogne est aphrodisiaque ; le Champagne, capiteux ; le Roussillon, restaurant ; le Bordeaux, stomachique.

Je n'ai point compris nominativement, dans cette division, les vins du Languedoc, de l'Orléanais, ni même les vins du Rhône, parce qu'ils rentrent dans la division générale que nous venons d'indiquer sommairement, et que nous exposerons, avec l'étendue qu'elle mérite, dans l'ouvrage que nous terminons. Reste, maintenant, à fixer l'ordre dans lequel les vins doivent être servis, et c'est l'objet précis de cette instruction rapide, et plutôt vinographique que physiologique. L'usage et la mode, ces deux tyrans du monde, ont plus présidé à cet ordre de service qu'un calcul fondé sur les convenances du goût et de la santé. Cependant il est, en général, convenu que le vin rouge précède toujours l'arrivée du vin blanc, à moins que le repas ne soit lui-même précédé d'huîtres, dont il est d'usage de saluer le passage par de triples bordées de Chablis, ou, si l'on veut y mettre plus de solennité, par des libations de Pouilly ou de Montrachet, ou mieux encore de Sauterne, de Langon ou de l'Hermitage blanc. Sans ce motif, le vin rouge a seul les honneurs au début du festin. Depuis quelque temps, cependant, l'usage a prévalu de faire précéder ou suivre immédiatement la soupe d'un verre de Madère sec, ou même de teinture d'absinthe : on peut quelquefois souscrire à cet usage, mais sans tirer à conséquence pour sa naturalisation. Le vin le mieux indiqué pour le premier service est, sans contredit, le vin de Bourgogne des crus les moins distingués, et que pour cette raison, on a désigné sous le nom de *Basse-Bourgogne*. Tels sont ceux d'Avallon, Coulanges, Tonnerre, Vermanton, Irancy, Chassagne et Mercurey, et en général les vins connus sous le nom de Mâcon et d'Auxerre. On peut

les remplacer à quelques égards par les vins de choix de
l'Orléanais, tels que Saint-Denis, Saint-Aï, ou Beaugency.
La gradation peut conduire ensuite aux vins de Beaune et
de Pomard, et si l'on veut borner ses courses à la topogra-
phie bourguignonne on choisit entre le Richebourg généreux, le Saint-Georges odorant, le léger Volnay, le Cham-
bertin pourpré, et le délicieux la Romanée. Si l'on préfère
rompre cette monotone hiérarchie, et ranimer son goût en
changeant de saveur et de terroir, la Champagne vous offre
son Aï pétillant, son Cumière parfumé, et son limpide Sil-
lery. C'est après ces vins qu'on peut encore déguster à propos ceux d'un haut goût, et que produit le Dauphiné. Ces
vins raniment l'appétit blasé, et relèvent la saveur un peu
fade des viandes rôties. Parmi eux se recommandent Châ-
teau-Grillé, Côte-Rôtie et l'Hermitage. C'est maintenant,
c'est lorsque la joie épanouit toutes les figures, et fait encore circuler le rire bruyant parmi les convives, qu'un seul
vin a le droit de se montrer, et va produire sur le liquide
déjà sablé, et qui commence à s'exhaler en propos hasardés,
l'effet que produit la goutte d'eau sur le lait bouillonnant :
c'est le Bordeaux. Voyez la coupe de la sagesse apaiser graduellement ces vociférations ! C'est l'effet du Médoc qu'une
main discrète versera dans de brillants cristaux qui reflètent
l'éclat de cent bougies. Un utile armistice a suspendu l'ardeur des combattants. Les serviteurs empressés desservent,
et les pâtisseries sucrées, les crèmes aromatisées, succèdent
aux légumes. Languedoc, voilà ton triomphe, que tu par-
tages avec le Roussillon, la Provence et l'Espagne ! Quel
est ce vin qui coule en rubis dans ce cristal étincelant ?
Quelle est cette topaze liquide qui invite l'œil à l'admirer,
la bouche à la savourer ? Rivesaltes, Grenache, Lunel, Mal-
voisie, Frontignan, Malaga, Xérès, vos noms, unis par la
gloire comme par le plaisir, se disputent la préséance, et
vos goûts se confondent dans les palais que vous embaumez.
Une vapeur bachique s'élève de vos flacons couverts d'une
mousse honorable, et vos bouchons vermoulus attestent
votre antique origine. Votre alcool dulcifié corrige les dangers des glaces, qu'on s'obstine à servir à la fin des repas,
tandis que le goût et la santé s'accordent à n'en indiquer
l'usage que quelques heures après. Mais déjà mon odorat
est frappé de l'odeur balsamique de la fève de Moka... Ar-
rêtez, c'est maintenant qu'il est permis de vider ce flacon

qu'agite la Folie, et dont la brillante écume se fait jour à travers le pouce impoli qui essaie vainement de la retenir captive. Le bouchon a frappé le plafond ; une mousse argentée coule sur les jolis doigts des bacchantes empressées. Buveurs, reconnaissez, non ce Champagne trop vanté que l'art corrompt pour satisfaire une mode perfide, sacrifiant ainsi un vin excellent au travers d'en faire un mauvais ; mais le délicieux Arbois, qui joint la douceur du Coudrieux au pétillement de l'impétueux Aï.

C'est en ce moment seulement que les gourmets, dignes de ce nom, peuvent savourer, à très petits verres, le Tokai, s'il leur fut accordé d'en boire de véritable.

> « Sunt pauci quos æquus
> « Jupiter amavit. »

Tel est, en raccourci, l'ordre didactique dans lequel les tributs de Bacchus doivent être fêtés. Nous n'avons pu les énumérer tous ; mais on peut juger, par ceux que nous avons mentionnés honorablement, de la place que doivent tenir leurs analogues.

Terminons par deux réflexions dont la méditation seule vaudrait peut-être un long traité sur les vins. La première, c'est que, malgré tout leur luxe et leurs profondes connaissances en agriculture, et même en chimie, les anciens, n'ont, à aucune époque, poussé l'art de la vinification aussi loin que nous. Aristote rapporte que les vins d'Arcadie se séchaient tellement dans les outres, qu'on les enlevait par morceaux, qu'on délayait dans l'eau pour les boire ; et certes, cela ne valait pas notre Médoc, notre Volnay et notre Aï sans eau ! Gallien raconte des vins d'Asie, qu'on les suspendait au coin des cheminées dans de grandes bouteilles jusqu'à ce qu'ils eussent acquis la dureté du sel, et qu'ensuite on les fondait dans l'eau pour la boisson. Pline, liv. 14, chap. 8, en faisant l'éloge des vins qu'on tirait d'Italie, et Athénée, en décrivant les qualités du Falerne, ne font point venir l'eau à la bouche, et il paraît qu'à cette époque le meilleur des vins n'était qu'un sirop plus ou moins doux, plus ou moins consistant, et qu'il fallait toujours étendre d'eau. Il n'est point surprenant alors qu'on bût du vin de cent ans, ainsi que l'assure Pétrone *Falernum opimianum annorum centum),* et même de deux cents ans, ayant la fermeté du miel, selon Pline (*adhùc vina ducentis ferè annis jam in speciem redacta mellis*, liv. 14. chap. 4); et quand on lit dans Martial le besoin où l'on était de rendre fluide par l'eau chaude, puis de passer par la chaux ce cécube si vanté :

« Turbida sollicito transmittere Cæcuba sacco. »

on n'envie plus à ces fiers Romains, auxquels il semble n'avoir manqué que ce genre de luxe et de jouissance, leur Falerne, leur Sorrento, leur Massique, trop bien chantés par Horace. Remarquons, en passant, que la culture des vignes, non moins que la façon du vin, influent autant que le ciel sur sa bonté. Le vin de Crète est aujourd'hui délicieux; et Martial l'appelait *vindemia Cretæ, mulsum pauperis*, lib. 1, cap. 105; Juvénal, *pingue passum Cretæ*, sat. 14, v. 270. Strabon trouvait détestable le vin de Samos, qu'on estime aujourd'hui l'un des meilleurs muscats. Faut-il en conclure que les goûts où les vignobles ont changé?

Une seconde réflexion, c'est que le vin est d'un tel secours comme moyen diététique, que les plus sages des hommes ont loué son usage, et quelquefois même son abus. Salomon a chanté le vin et ses bienfaits, et tous les poètes, sur ses traces, ont célébré cette liqueur, dont ils ont cru qu'un dieu seul avait pu faire présent aux hommes. Hippocrate, Dioscoride, Avicène, ont enseigné qu'il était bon de s'enivrer une fois par mois; et si l'on pouvait ne regarder ces déréglements que d'un œil philosophique, peut-être, en effet, serait-il permis d'affermir sa constitution par quelques excès très rares dans le boire et le manger. La secte austère des Stoïciens jugeait l'ivresse permise, pour relever la triste humanité de l'abattement et des chagrins qui sont les maladies de l'âme, et l'ordonnaient comme on ordonne une médecine, qui n'est aussi qu'une indigestion. Asclépiade érigeait en panacée le vin, et, dans son délire sublime, dans sa confiance aveugle pour cette liqueur, il allait jusqu'à l'ordonner aux frénétiques pour les endormir, aux léthargiques pour les réveiller. Hippocrate a dit : *Famem vini potio solvit.* Enfin, Hoffmann, à la fin de sa *Dissertation sur les vertus du vin du Rhin en médecine*, soutient l'utilité du vin dans plusieurs maladies, et va même jusqu'à conseiller de varier le choix des vins selon la nature de l'affection à traiter. Je m'honore de partager complètement cette opinion, et il y a longtemps que j'ai écrit que le meilleur livre aujourd'hui à publier en médecine serait celui-ci : *De l'art de conserver ou recouvrer sa santé par les aliments*. Cette conclusion est un peu sévère et frugale pour la dernière page d'un ouvrage consacré à publier les secrets de l'art culinaire et les mystères de la gourmandise ; mais mon amour pour la vérité et pour l'art que je professe m'a entraîné malgré moi vers ce but, que je ne cherchais pas.

FIN DE LA NOTICE SUR LES VINS.

9 782019 934200